Hinter dem Sachregister befindet sich ein ausführliches Verzeichnis der

Guttentagschen Sammlung

Deutscher Reichs- und Preußischer Gesetze

— Textausgaben mit Anmerkungen; Taschenformat —

die alle wichtigeren Gesetze in unbedingt zuverlässigem Abdruck und mit mustergültiger Erläuterung wiedergibt.

Guttentagsche Sammlung
Nr. 113a. Deutscher Reichsgesetze. Nr. 113a.
Textausgaben mit Anmerkungen.

Die Postscheckordnung

vom 22. Mai 1914.

Textausgabe
mit Anmerkungen und Sachregister

von

J. Weiland,
Ober-Postinspektor im Reichs-Postamt.

Berlin 1914.
J. Guttentag, Verlagsbuchhandlung,
G. m. b. H.

Inhaltsverzeichnis.

Postscheckordnung.

Anlagen.

Anhang.

Auszug aus der Postordnung.

Abkürzungen.

BGB. = Bürgerliches Gesetzbuch.
HGB. = Handelsgesetzbuch.
OPD. = Ober-Postdirektion oder Ober-Postdirektionen.
PO. = Postordnung.
PSchA. = Postscheckamt.
PSchÄ. = Postscheckämter.
PSchG. = Postscheckgesetz.
PSchO. = Postscheckordnung.
RGBl. = Reichs-Gesetzblatt.

Postscheckordnung.

Vom 22. Mai 1914.

(RGBl. S. 131.)

Auf Grund des § 10 des Postscheckgesetzes vom 26. März 1914 (RGBl. S. 85) wird nachstehende

Postscheckordnung

erlassen.

I. Allgemeines.

§ 1. I Der Antrag auf Eröffnung eines Postscheckkontos ist an ein Postscheckamt oder an eine Postanstalt zu richten.

II Gesellschaften, Vereine, Genossenschaften usw., die nicht im Register der Handelsfirmen, Vereine, Genossenschaften usw. eingetragen sind, haben mit dem Antrag ihre Satzung vorzulegen.

III Jedes Postscheckamt führt eine Liste der Kontoinhaber. Die Postverwaltung veröffentlicht ein Verzeichnis der Kontoinhaber.

IV Die Höhe des Guthabens eines Kontos ist nicht beschränkt. Ändert sich das Guthaben, so wird der Kontoinhaber vom Postscheckamt durch einen Kontoauszug benachrichtigt.

Vorbemerkung.

Der § 10 des auch in unserem Verlag erschienenen Postscheckgesetzes vom 26. März 1914 lautet:

„Die weiteren Anordnungen zur Regelung des Postscheckverkehrs erläßt der Reichskanzler. Er bestimmt insbesondere:

1. die allgemeinen Grundsätze für den Ausweis der nach § 1 zum Postscheckverkehr zuzulassenden Teilnehmer sowie für die Bezeichnung der Konten,

. . . usw."

In der Postscheckordnung ist auf die Postordnung Bezug genommen worden. Zum besseren Verständnis sind die einschlägigen Paragraphen der Postordnung im Anhang auszugsweise wiedergegeben. Für den Begriff „Postanweisung" ist sinngemäß „Zahlkarte" oder „Zahlungsanweisung" zu setzen.

Zu § 1.

Zu I Im Reichs-Postgebiet bestehen PSchÄ. in:

1. Berlin für die OPD.-Bezirke Berlin, Frankfurt (Oder), Magdeburg, Potsdam und Stettin;
2. Danzig für die OPD.-Bezirke Bromberg, Danzig, Gumbinnen, Königsberg (Pr.) und Köslin;
3. Breslau für die OPD.-Bezirke Breslau, Liegnitz, Oppeln und Posen;
4. Leipzig für die OPD.-Bezirke Chemnitz, Dresden, Erfurt, Halle (Saale) und Leipzig;
5. Hamburg für die OPD.-Bezirke Bremen, Hamburg, Kiel und Schwerin (Mecklb.);
6. Hannover für die OPD.-Bezirke Braunschweig, Hannover, Minden (Westf.) und Oldenburg (Grhzgt.);
7. Cöln für die OPD.-Bezirke Aachen, Coblenz, Cöln, Dortmund, Düsseldorf, Münster (Westf.) und Trier;
8. Frankfurt (Main) für die OPD.-Bezirke Cassel, Darmstadt und Frankfurt (Main);
9. Karlsruhe (Baden) für die OPD.-Bezirke Karlsruhe (Baden), Konstanz, Metz und Straßburg (Elf.).

Im Bereiche der Königl. Bayerischen Postverwaltung bestehen PSchÄ. in:

1. **München** für die OPD.=Bezirke Augsburg, Landshut und München;
2. **Nürnberg** für die OPD.=Bezirke Bamberg, Nürnberg, Regensburg und Würzburg;
3. **Ludwigshafen (Rhein)** für den OPD.=Bezirk Speyer.

Für den Bereich der **Königl. Württembergischen Postverwaltung** besteht ein PSchA. in:

Stuttgart.

Zu den Anträgen auf Eröffnung eines Postscheckkontos sind in der Regel die amtlich hergestellten Vordrucke (Anl. 1) zu benutzen. Die Vordrucke werden bei den Postanstalten und den PSchÄ. vorrätig gehalten und an das Publikum unentgeltlich abgegeben. Auf der Rückseite des Antrags sind einige Bemerkungen über die Ausfüllung und weitere Behandlung des Antrags enthalten. Besonders ist Punkt 2, letzter Absatz, über die Zustellung der Sendungen mit Überweisungs= und Scheckheften oder mit Unterschriftsblättern zu beachten. Wünscht eine Gesellschaft, Vereinigung usw., die von mehreren Personen gemeinschaftlich vertreten wird, daß die Sendungen des PSchA. mit Überweisungs= und Scheckheften sowie mit Unterschriftsblättern (PSchO. § 6, III) mit dem Vermerk „Eigenhändig" abgesandt werden, so dürfen die Sendungen den Vertretern nur gegen gemeinschaftliche Quittung ausgehändigt werden. Es empfiehlt sich daher, eine einzelne Person zu bevollmächtigen, der das PSchA. diese Sendungen schicken kann. Vordrucke zu Vollmachten stellen die PSchÄ. auf Wunsch zur Verfügung.

Der Antrag auf Eröffnung eines Kontos für eine Handelsfirma, juristische Person oder sonstige Vereinigung oder Anstalt ist von den Personen zu stellen, die befugt sind, die Firma, juristische Person, Vereinigung oder Anstalt rechtsverbindlich zu vertreten.

Das Nähere ergibt sich aus der PO. § 39 (S. 109 ff.).

Handelsfirmen, Gesellschaften, Vereine, Genossenschaften usw., die im Verzeichnis der Handelsfirmen, Vereine, Genossenschaften usw. eingetragen sind, brauchen weder die Satzungen noch einen anderen Ausweis vorzulegen, da die Postanstalten über deren Verhältnisse durch die Bekanntmachungen in den öffentlichen Blättern unterrichtet sind.

Die Beglaubigung der Unterschrift unter dem Antrag ist nicht erforderlich.

Wünscht jemand die Eröffnung mehrerer Konten, so muß er für jedes Konto einen besonderen Antrag stellen.

Für mehrere in das Verzeichnis der Handelsfirmen usw. eingetragene Firmen eines und desselben Inhabers kann die Eröffnung eines gemeinschaftlichen Postscheckkontos beantragt werden, wenn durch die Bezeichnung des Kontos Irrtümer nicht verursacht werden können und nach Lage des Einzelfalls beim PSchA. keine Bedenken bestehen. Ebenso kann das für eine Firma eröffnete Postscheckkonto für den persönlichen Zahlungsverkehr des Firmeninhabers mitbenutzt werden.

Das Postscheckkonto eines Hauptgeschäfts darf für den Zahlungsverkehr eines Zweiggeschäfts mitbenutzt werden, wenn das Zweiggeschäft kein eigenes Postscheckkonto unterhält und mit der Gutschrift der Beträge auf dem Konto des Hauptgeschäfts einverstanden ist.

Verlagsbuchhändler dürfen ihr Postscheckkonto auch für den Zahlungsverkehr der in ihrem Verlag erscheinenden Zeitungen mitbenutzen.

Wegen der nicht eingetragenen Gesellschaften, Vereine, Genossenschaften usw. s. Abs. II.

Beantragen ausländische Firmen die Eröffnung eines Postscheckkontos, so haben sie ihre Vertretungsbefugnis durch einen Auszug aus dem Verzeichnis der Handelsfirmen nachzuweisen, der von der Registerbehörde in neuester Zeit gefertigt und beglaubigt sein muß. Wird in dem Lande ein Verzeichnis der Handelsfirmen gerichtlich nicht geführt, so ist die Unterschrift auf dem Antrage notariell zu beglaubigen und in der notariellen Bescheinigung zum Ausdrucke zu bringen, welches die genaue Bezeichnung und der Sitz der Firma ist, und welche Personen zur rechtsverbindlichen Vertretung der Firma berufen sind. Die notarielle Beglaubigung muß von einem deutschen Konsul bescheinigt werden, falls dieser nicht selbst die Unterschrift beglaubigen kann.

Eine Ehefrau kann die Eröffnung eines Kontos auf ihren Namen in der Regel nur mit Zustimmung des Ehemanns beantragen, der zum Zeichen seines Einverständnisses den Antrag mitunterschreiben muß.

Die Eröffnung eines Kontos für einen Minderjährigen oder Entmündigten ist in der Regel vom gesetzlichen Vertreter zu beantragen. Inwieweit ein Minderjähriger ohne Mitwirkung seines gesetzlichen Vertreters die im Postscheckverkehr vorkommenden Geschäfte selbständig erledigen kann, richtet sich nach BGB. §§ 110, 112, 113.

Zu II Die Vertreter solcher nicht ingetragenen Vereine usw. müssen durch glaubhafte Schriftstücke — s. PO. § 39 zu II unter 4 (S. 113) — nachweisen, daß sie in der durch die Satzung vorgeschriebenen Form zur Vertretung berufen worden sind. Auf Verlangen des PSchA. muß ein amtliches Zeugnis hierüber vorgelegt werden.

Der Agentur einer Gesellschaft oder Anstalt kann, wenn die Agentur nicht im Verzeichnis der Handelsfirmen eingetragen ist, ein Konto nur auf den persönlichen Namen des Agenten eröffnet werden. Wünscht der Agent, daß er auf dem Konto auch als Agent der Gesellschaft oder Anstalt bezeichnet werde, so wird dem Antrage stattgegeben, wenn die Gesellschaft oder Anstalt auf Anfrage des PSchA. sich hiermit schriftlich einverstanden erklärt. Hält das PSchA. eine einfache Anfrage nicht für ausreichend, so hat der Agent durch Vorlegung einer amtlich beglaubigten Urkunde nachzuweisen, daß die Gesellschaft mit der Eröffnung des Kontos unter obiger Bezeichnung einverstanden ist.

Anträgen von Versicherungsgesellschaften, daß bei Eröffnung von Postscheckkonten für ihre Generalagenturen der Name des Generalagenten in die Bezeichnung des Kontos nicht aufgenommen werde, wird entsprochen.

Zu I u. II Ist der Antrag unterschrieben, so ist er entweder offen bei der Postanstalt abzugeben, von der der Antragsteller seine Postsachen erhält, oder unter Briefumschlag unfrankiert an diese Postanstalt zu senden. Wohnt der Antragsteller im Landbestellbezirke, so kann er den Antrag dem Landbriefträger zur Abgabe an die Postanstalt übergeben.

Die PSchÄ. nehmen auch solche Anträge auf Eröffnung eines Postscheckkontos entgegen, welche ohne Vermittelung einer Postanstalt bei ihnen eingehen, oder zu denen der amtliche Vordruck zum Antrag nicht benutzt worden ist, oder die beim PSchA. mündlich gestellt werden. Um Rückfragen des PSchA. zu vermeiden, empfiehlt es sich aber, den Antrag der Postanstalt, durch die der Antragsteller seine Postsachen erhält, zu übergeben.

Die bei den PSchÄ. durch Vermittelung der Postanstalten oder unmittelbar eingehenden Anträge werden in der Weise bearbeitet, daß jedes neue Konto die nächste offene Kontonummer erhält (III).

Zu III Die Nummer, unter der ein Konto in der Liste der Kontoinhaber eingetragen ist, bildet die Kontonummer. Sämtlichen PSchÄ. ist ein Konto unter Nr. 1 eröffnet, z. B. dem PSchA. in Cöln das Postscheckkonto Cöln Nr. 1.

Das Verzeichnis der Kontoinhaber wird jährlich im Januar neu herausgegeben. Im Mai und September erscheint je ein Nachtrag. Das Verzeichnis und die Nachträge sind bei jeder Postanstalt und bei jedem PSchA. käuflich. Bestellungen werden am Schalter entgegengenommen, wo auch Auskunft über den Preis erteilt wird. Bei den Postanstalten, denen das Verzeichnis zum Dienstgebrauch überwiesen ist, sowie bei den PSchÄ. kann es am Schalter eingesehen werden. Den Kontoinhabern werden auf Antrag Verzeichnis und Nachträge regelmäßig nach dem Erscheinen vom PSchA. unter Abbuchung des Preises von ihrem Konto geliefert.

Die Postanstalten nehmen auch Bestellungen auf die bayerischen und württembergischen Verzeichnisse der Kontoinhaber entgegen.

Zu IV Von den durch Ein- und Rückzahlungen eintretenden Änderungen des Guthabens wird der Kontoinhaber durch Kontoauszug (Anl. 2) benachrichtigt, dem als Belege beigefügt werden

a) bei gutgeschriebenen Beträgen

die Abschnitte der Zahlkarten (§§ 2, VIII und 4, VII und Anl. 3—5 und 8—12),

die Benachrichtigungen bei telegraphischen Zahlkarten (§ 3, II und III),

die Abschnitte der Postanweisungen (§ 4 zu II),

die Abschnitte der Überweisungen (§§ 5, II und 7, III und VI sowie Anl. 16),

die Gutschriftzettel zu Sammelüberweisungen (§§ 5, II und 7, IV und Anl. 18),

die Gutschriftzettel für Überweisungen an die Angestelltenversicherung (§ 7, V und Anl. 19),

die Benachrichtigungen bei telegraphischen Überweisungen (§ 8, II und IV),

die von den PSchA. auf Grund von Überweisungen (§§ 7 und 8) gefertigten Gutschriftzettel, die Benachrichtigungzettel bei nicht ausführbaren Überweisungen und Zahlungsanweisungen sowie etwaige Berichtigungzettel wegen der Berichtigung des Guthabens;

b) bei abgebuchten Beträgen

die gewöhnlichen Lastschriftzettel über die von den Konten abgebuchten Beträge (§ 6 zu VI und Anl. 14),

die Lastschriftzettel über abgebuchte Steuern, Beiträge für die Krankenversicherung, Fernsprechgebühren usw., die Lastschriftzettel für Einlieferungsbescheinigungen (§ 6, VI und Anl. 15),

die Bescheinigungen auf den Anlagen zu Sammelüberweisungen und zu Sammelschecks, wenn der Aussteller der Überweisung oder des Schecks diese Anlagen dem PSchA. in zweifacher Ausfertigung übersandt hat (§§ 7 zu VII und 9 zu V sowie Anl. 17 und 21),

die Gebührenzettel (§ 10 zu I sowie Anl. 23 und 24),

etwaige Berichtigungzettel wegen Berichtigung des Guthabens.

Die Kontoauszüge werden abends abgesandt, so daß sie den Kontoinhabern in der Regel am nächsten Morgen bei der ersten Ausgabe oder Bestellung zugehen.

Eine Zahlung, die jemand durch Zahlkarte oder Überweisung einem Dritten auf dessen Postscheckkonto leistet, ist in dem Zeitpunkt als erfüllt anzusehen, in welchem der Betrag auf dem Konto des Empfängers gutgeschrieben worden ist. Die PSchO. enthält daher auch keine Bestimmung darüber, daß der Inhaber eines Postscheckkontos berechtigt sein soll, einen vom PSchA. auf seinem Konto gutgeschriebenen Betrag nachträglich zurückzuweisen.

II. Einzahlungen.

Einzahlungen durch Zahlkarte.

§ 2. I Durch Zahlkarte können auf ein Postscheckkonto Beträge in beliebiger Höhe eingezahlt werden.

II Die Zahlkarten werden zum Preise von 5 Pf. für je 10 Stück verabfolgt. Einzelne Zahlkarten werden am Schalter der Postanstalten an das Publikum unentgeltlich abgegeben.

III Geschäftsblätter mit anhängender Zahlkarte werden von den Postscheckämtern zum Preise von 50 Pf. für je 50 Stück verabfolgt.

IV Die Zahlkarten (II, III) können auch durch die Privatindustrie hergestellt werden; sie müssen in der Größe, Farbe und Stärke des Papiers sowie im Vordrucke mit den durch die Post ausgegebenen Zahlkarten genau übereinstimmen.

V Die Zahlkarte muß entweder durch Druck, mit der Schreibmaschine usw. oder handschriftlich mit Tinte ausgefüllt werden. Der Betrag ist in der Reichswährung einzutragen. Die Marksumme muß in Ziffern und in Buchstaben ausgedrückt sein. Auch der mit der Zahlkarte verbundene Einlieferungschein ist vom Einzahler auszufüllen.

VI Der Abschnitt der Zahlkarte dient zu Mitteilungen an den Kontoinhaber.

VII Nach Einzahlung des Betrags wird der Postvermerk auf dem Einlieferungscheine vollzogen.

VIII Der eingezahlte Betrag wird dem in der Zahlkarte angegebenen Postscheckkonto gutgeschrieben. Das Postscheckamt übersendet dem Kontoinhaber nach der Gutschrift den Abschnitt der Zahlkarte.

IX Kann die Zahlkarte beim Postscheckamt nicht gutgeschrieben werden, weil ein Konto unter der in der Zahlkarte angegebenen Bezeichnung nicht geführt wird, oder weil der Kontoinhaber wegen unzureichender Adresse nicht sicher erkennbar ist, so wird eine Unbestellbarkeitsmeldung erlassen, damit der Absender die Angaben der Zahlkarte berichtige oder die Rückzahlung des Betrags beantrage. Der Betrag wird dem Absender ohne Unbestellbarkeitsmeldung zurückgezahlt, wenn für den Empfänger beim Postscheckamt zwar ein Konto bestanden hatte, dies aber erloschen ist.

Für die Beförderung der Unbestellbarkeitsmeldung und der Antwort hat der Absender 20 Pf. an die Aufgabe-Postanstalt zu zahlen.

X Den Landbriefträgern können auf ihren Bestellgängen Zahlkarten bis 800 ℳ zur Ablieferung an die Postanstalt übergeben werden. Für das Verfahren gilt die Postordnung vom 20. März 1900 § 29, IV ff. Für jede dem Landbriefträger übergebene Zahlkarte sind 5 Pf. im voraus zu zahlen.

XI Bei den Posthilfstellen können Zahlkarten bis 800 ℳ unter den in der Postordnung § 29, VIII für Postanweisungen angegebenen Bedingungen zur Weitergabe an den Landbriefträger niedergelegt werden.

XII Der Absender kann eine eingelieferte Zahlkarte unter den Voraussetzungen der Postordnung § 33 zurücknehmen, solange der Betrag dem Konto des Empfängers noch nicht gutgeschrieben ist.

Zu § 2.

Zu II Die Zahlkarte wird nach Anl. 3 hergestellt.

Die Zahlkarten können von den PSchÄ. und den Postanstalten bezogen und zu Einzahlungen bei allen Postanstalten und PSchÄ. innerhalb des Deutschen Reichs benutzt, auch auf den deutschen Kriegsschiffen von den Kassen und den Besatzungen auf deutsche Postscheckkonten eingeliefert werden.

Zahlkarten, die in Briefordnern, Schnellheftern u. dgl. aufbewahrt werden und daher Durchlochungen tragen, werden von den Postanstalten angenommen, wenn sich die Durchlochungen an der linken Schmalseite des Abschnitts (VI) befinden und hierdurch die Angaben für Kontonummer und Betrag nicht beeinträchtigt werden. Dagegen müssen die Postanstalten aus Betriebsrücksichten Zahlkarten beanstanden, bei denen der Hauptteil durchlocht ist.

Zur Einzahlung der Beiträge für die Angestelltenversicherung sind besondere Zahlkarten nach Anl. 4 zu benutzen. Die Beiträge sind von den Arbeitgebern demjenigen Postscheckkonto der Reichsversicherungsanstalt für Angestellte in Berlin-Wilmersdorf beim PSchA. in Berlin zuzuführen, das die Bezeichnung des OPD.-Bezirks trägt, in dem der Wohnort des Arbeitgebers liegt. Bei den einzelnen Postanstalten werden lediglich Zahlkarten mit dem Vordrucke des OPD.-Bezirks vorrätig gehalten, in dem die Postanstalt liegt.

Zu III Das Geschäftsblatt mit anhängender Zahlkarte wird nach Anl. 5 hergestellt.

Auf Antrag des Kontoinhabers stellt das PSchA. auch Vordrucke auf dem eigentlichen Geschäftsblatte gegen Erstattung der Kosten her. Wegen des Vordrucks auf der anhängenden Zahlkarte s. zu V.

Zu IV Muster zu Zahlkarten sind von den PSchÄ. zu beziehen. Zur Vermeidung von Weiterungen empfiehlt es sich, vor der Herstellung einer neuen Auflage einen Probeabdruck dem PSchA. zur Prüfung einzusenden.

Bei den durch die Privatindustrie hergestellten Zahlkarten kann in dem für die Kontonummer vorgesehenen Raume die Schraffierung fehlen, wenn auf dem Hauptteile der Zahlkarte die Kontonummer mit vorgedruckt wird.

Zu V Um Irrtümer beim Buchen der Zahlkarten zu vermeiden, empfiehlt es sich, möglichst solche Zahlkarten zu benutzen, auf denen die Kontonummer, der Name und Wohnort des Kontoinhabers sowie der Name des PSchA. vorgedruckt sind. Diesen Vordruck führt auf Antrag des Kontoinhabers auch das PSchA. aus, und zwar:

bei	50	Zahlkarten für	35	Pf.,
„	100	„ „	50	„ und
bei je weiteren	100	„ „	15	„ mehr.

Zu VI Die Abschnitte werden von den PSchÄ. auf Antrag der Kontoinhaber mit Text (Firmenangabe usw.) gegen Erstattung der Kosten bedruckt. Die Höhe der Kosten teilen die PSchA. auf Wunsch vorher mit.

Zu VII Der Kontoinhaber kann die Rückseite des Einlieferungscheins im voraus handschriftlich oder durch Druck mit einem Vermerke versehen, der für den Einzahler die Eigenschaft eines Ausweises, einer Quittung usw. erhält, sobald der Postbeamte die Einzahlung des Betrags auf der Vorderseite bescheinigt hat. Solche Vermerke sind z. B. in folgender Form abzufassen:

„Sobald der Postbeamte den Einlieferungschein vollzogen hat, gilt dieser Schein als Ausweis darüber, daß Herr . . . in . . . die Miete (den Mitgliedsbeitrag, die Versicherungsprämie usw.) für das . . . Vierteljahr usw. entrichtet hat (Mitglied des Vereins . . . für das Jahr . . . geworden ist)."

Die Rückseite des Einlieferungscheins kann auch mit Abbildungen versehen werden.

Stimmt der auf dem Einlieferungschein angegebene Betrag oder die Nummer des Kontos oder der Name usw. des Kontoinhabers mit der Angabe auf dem Hauptteile der Zahlkarte nicht überein, oder ist der Einlieferungschein geändert worden, so vernichtet der Annahmebeamte den zur Zahlkarte gehörenden Einlieferungschein und fertigt einen neuen aus. Der Einlieferungschein wird ebenfalls nicht vollzogen, sondern, wenn er sich noch am Hauptteile befindet, abgetrennt und vernichtet,

a) wenn der Einzahler ein Einlieferungsbuch benutzt,
b) wenn er die Zahlkarten mit besonderem Verzeichnis einliefert,
c) wenn Behörden die Einlieferungsbescheinigung auf einem am Schalter vorzulegenden Rechnungsbelege selbst zu erhalten wünschen.

Zu b. Die Einlieferung der Zahlkarten mit besonderem Verzeichnis wird von den Vorstehern der Postanstalten nur solchen Firmen usw. zugestanden, die einen regen Zahlkartenverkehr haben.

Zu c. Die Behörde, die das Verfahren mit dem Vorsteher der Postanstalt zu vereinbaren hat, muß den Text der Postquittung mit allen in den Posteinlieferungschein aufzunehmenden Angaben (Betrag, Empfänger und Bestimmungsort) auf dem Belege vorschreiben lassen. Der Annahmebeamte braucht nur diesen Text zu prüfen. Die nach der Nummer der Eintragung in die Annahmeliste für Zahlkarten und mit dem Namen unter Beisetzung des Aufgabestempels abzugebende Bescheinigung wird stets nur auf einem Rechnungsbeleg erteilt, also nicht ausgestellt, wenn sich der Betrag einer Zahlkarte aus mehreren Einzelposten zusammensetzt, die besondere Teilquittungen auf verschiedenen Belegen erfordern würden.

Zu VII und VIII Einzahlungen auf Zahlkarte können auch durch rote Überweisungen auf die Reichsbank oder durch Schecks auf die in § 2 des Scheckgesetzes vom 11. März 1908 bezeichneten Banken, Anstalten und Genossenschaften sowie durch Platzanweisungen beglichen werden, wenn die im Scheck oder in der Platzanweisung als Bezogene genannte Bank usw. ihre Geschäftstelle im Orte oder in dessen näherer Umgebung hat und ein Girokonto bei der Reichsbankstelle des Ortes oder in dessen näherer Umgebung unterhält. Die von öffentlichen Behörden, Kassen und Anstalten sowie von Sparkassen der Kreise und Landgemeinden durch rote Überweisungen auf die Reichsbank, durch Scheck oder Platzanweisung beglichenen Zahlkarten werden abgesandt, bevor die Überweisung, der Scheck oder die Platzanweisung von der Reichsbank dem Postamt gutgeschrieben worden ist, wenn die Behörden usw. einen dahingehenden schriftlichen Antrag stellen und die von der Postverwaltung vorgeschriebenen Bedingungen erfüllen. Die von Privatpersonen, Firmen usw. durch Überweisung, Scheck oder Platzanweisung beglichenen Zahlkarten können gleichfalls sofort abgesandt werden, wenn bis zur Höhe der Einzahlungen Sicherheit gestellt worden ist.

Die Begleichung von Zahlkartenbeträgen durch Postschecks oder Überweisungen des Postscheckverkehrs ist nicht zugelassen.

Zu IX Zu den Unbestellbarkeitsmeldungen werden Vordrucke nach Anl. 6 verwandt.

Da sämtliche Einzahlungen mit Zahlkarte einer Gebühr unterliegen, das Portofreiheitsgesetz auf Zahlkarten also nicht anwendbar ist, sind auch Reichs-, Militärbehörden usw., die Anspruch auf portofreie Beförderung ihrer Postsendungen haben, zur Zahlung der 20 Pf. verpflichtet.

Zu X Der Landbriefträger darf Beträge, die durch Zahlkarte übermittelt werden sollen, nur dann vom Publikum entgegennehmen, wenn ihm mit dem Betrag auch die ausgefüllte Zahlkarte übergeben wird.

Zu X und XI Wo ein Bedürfnis vorliegt, werden einzelne Zahlkarten durch die Landbriefträger und die Posthilfstellen an das Publikum unentgeltlich abgegeben.

Telegraphische Zahlkarten.

§ 3. I Zahlkarten bis 3000 ℳ können auf Antrag des Absenders dem Postscheckamt, bei dem das Konto des Empfängers geführt wird, telegraphisch übermittelt werden. Für die telegraphischen Zahlkarten gilt die Postordnung § 21 sinngemäß.

II Der Kontoinhaber wird durch das Postscheckamt von der Gutschrift in der gewöhnlichen Weise (§ 1, IV) benachrichtigt. Auf Antrag des Absenders wird der Kontoinhaber von der Aufgabe-Postanstalt telegraphisch benachrichtigt.

III Besondere für den Empfänger bestimmte Mitteilungen hat der Absender auf dem Abschnitte der Zahlkarte niederzuschreiben; sie werden durch das Zahlkarten-Telegramm dem Postscheckamt mitgeteilt und von diesem in der gewöhnlichen Weise (§ 1, IV) an den Empfänger weitergegeben. Hat der Absender die telegraphische Benachrichtigung des Empfängers gewünscht, so werden die Mitteilungen in das Benachrichtigungs-Telegramm aufgenommen.

IV An Gebühren werden erhoben:

1. die Zahlkartengebühr,
2. die Telegrammgebühr für das Zahlkarten- und zutreffendenfalls für das besondere Benachrichtigungs-Telegramm,
3. außerdem zutreffendenfalls das Porto, das Eilbestellgeld und die Einschreibgebühr für die Beförderung der Telegramme von der Aufgabe-Postanstalt zur nächsten Telegraphenanstalt.

Die Gebühr zu 1 wird vom Konto des Empfängers abgebucht, die Gebühren zu 2 und 3 sind vom Absender zu entrichten.

Zu § 3.

Zu I bis III. Nur die telegraphischen Zahlkarten, die bei den PSchA. bis 7 Uhr nachm. eingehen, werden noch vom Tage des Eingangs den Konten gutgeschrieben.

Das Benachrichtigungs-Telegramm wird wie folgt abgefaßt:

Max Fischer
Obeliskenstraße 5
Potsdam
Neumann zahlt telegraphisch zweihundertfünfundsiebzig Mark 50 Pf. auf Ihr Postscheckkonto Berlin 1525.
Postamt.

Werden von einem Absender gleichzeitig mehrere telegraphische Zahlkarten für ein Konto aufgeliefert, so wird für jede Zahlkarte ein besonderes Zahlkarten-Telegramm ausgefertigt. In dem Benachrichtigungs-Telegramm wird jedoch der eingezahlte Gesamtbetrag angegeben.

Überweisung von Postanweisungen und von Beträgen, die durch Postauftrag oder Nachnahme eingezogen worden sind.

§ 4. I Der Kontoinhaber kann bei der Postanstalt, durch die er seine Postsendungen erhält, beantragen, daß die für ihn eingehenden Postanweisungen seinem Postscheckkonto gutgeschrieben werden.

II Auf einen solchen Antrag hin fertigt die Postanstalt über den Gesamtbetrag der für den Kontoinhaber gleichzeitig vorliegenden Postanweisungen täglich eine Zahlkarte. Die Abschnitte der Postanweisungen stellt die Postanstalt dem Kontoinhaber gebührenfrei zu.

III Die für einen Kontoinhaber durch Postauftrag eingezogenen Beträge werden seinem Postscheckkonto mit Zahlkarte überwiesen, wenn er Postaufträge mit anhängender Zahlkarte benutzt. Die Zahlkarte ist von ihm auszufüllen.

IV Die für einen Kontoinhaber durch Nachnahme eingezogenen Beträge werden seinem Postscheckkonto mit Zahlkarte überwiesen, wenn er der Sendung eine ausgefüllte Zahlkarte beigefügt hat. Bei Paketen oder Karten mit Nachnahme hat der Kontoinhaber Nachnahme-Paketkarten und Nachnahmekarten mit anhängender Zahlkarte zu benutzen. Bei Nachnahmepaketen ist auf dem Paket in der Aufschrift unmittelbar unter der Angabe des Nachnahmebetrags zu vermerken:

„Zahlkarte P. Sch. A. (Ort) . . . . . . Konto Nr. . . . . N. . . . . in M. . . . . . .“

Bei Briefen usw. mit Nachnahme hat der Kontoinhaber blaue Nachnahme-Zahlkarten (mit Klebeleiste) zu verwenden. Unmittelbar unter der Angabe des Nachnahmebetrags ist auf diesen Sendungen zu vermerken:

„Zahlkarte P. Sch. A. (Ort) . . . . . . Konto Nr. . . . . N. . . . . in M. . . . . .“

V Die Postaufträge zur Geldeinziehung und zum Postprotest mit anhängender Zahlkarte, die Nachnahme-Paketkarten und die Nachnahmekarten mit anhängender Zahlkarte sowie die blauen Nachnahme-Zahlkarten werden von den Postscheckämtern zum Preise von 5 Pf. für je 10 Stück an die Kontoinhaber verabfolgt.

VI Die Vordrucke (V) können auch durch die Privatindustrie hergestellt werden; sie müssen in der Größe, Farbe und Stärke des Papiers sowie im Aufdrucke mit den amtlichen genau übereinstimmen.

VII Das Postscheckamt übersendet dem Kontoinhaber nach der Gutschrift des Betrags den Abschnitt der Zahlkarte.

Zu § 4.

Zu I Anträgen von Firmen, die Beträge der für ihre auswärtigen Zweiggeschäfte eingehenden Postanweisungen auf das Konto des Hauptgeschäfts abzuführen, wird entsprochen, wenn das Zweiggeschäft hiermit einverstanden ist und das Hauptgeschäft nachweist, daß es zur Stellung des Antrags berechtigt ist. Die Abschnitte der Postanweisungen (II) können in solchem Falle auf Antrag auch dem Hauptgeschäft übersandt werden, die Versendung geschieht jedoch portopflichtig. Ferner ist es gestattet, daß dem für eine Firma geführten Postscheckkonto auf Antrag die unter der persönlichen Adresse des Firmeninhabers eingehenden Postanweisungen gutgebracht werden. Hat der Inhaber von zwei oder mehreren Firmen nur für die eine Firma ein Postscheckkonto eröffnen lassen, so können diesem Konto auch die Beträge der für die anderen Firmen eingehenden Postanweisungen gutgeschrieben werden.

Die Gutschrift der für einen Kontoinhaber eingegangenen Postanweisungsbeträge auf ein anderes als das eigene Postscheckkonto ist nicht zulässig.

Zu II Die Abschnitte der Postanweisungen werden den Kontoinhabern in Umschlägen nach Anl. 7 nur an Werktagen, den Abholern auf besonderes Verlangen auch an Sonn- und Feiertagen ausgehändigt.

Wegen des Rückforderungsrechts des Absenders bei den Postanweisungen s. PO. § 33 zu I auf S. 108.

Die Gebühr für die Gutschrift beim PSchA. wird nach dem Betrage der Zahlkarte (PSchG. § 5 Ziff. 1) berechnet.

Hat der Absender Postanweisungen für einen Kontoinhaber unmittelbar an das PSchA. gerichtet, so werden die Beträge dem Konto gebührenfrei gutgeschrieben und die Abschnitte dem Kontoinhaber übersandt.

Zu III Die Postaufträge zur Geldeinziehung und zum Postprotest mit anhängender Zahlkarte werden nach Anl. 8 und 9 hergestellt.

Im Wege des Postauftrags können Gelder bis 800 M einschließlich eingezogen werden (PO. § 18, I).

Zu IV Postnachnahmen sind bis 800 M einschließlich bei Briefsendungen und Paketen zulässig (PO. § 19, I).

Die Nachnahme-Paketkarten und Nachnahmekarten werden nach Anl. 10 und 11 hergestellt.

Den Auslands-Paketkarten zu den im deutschen Zollgebiet eingelieferten und nach deutschen Bestimmungsorten gerichteten zollpflichtigen Nachnahmepaketen sind ausgefüllte blaue Nachnahme-Zahlkarten (Anl. 12) beizufügen, wenn die eingezogenen Nachnahmebeträge dem Postscheckkonto des Absenders mit Zahlkarte überwiesen werden sollen.

Die blaue Nachnahme-Zahlkarte wird nach Anl. 12 hergestellt. Der Kontoinhaber klebt die ausgefüllte Zahlkarte mit der Klebeleiste auf die Rückseite des Briefes, der Drucksache usw. Die angeklebte Zahlkarte ist der Größe der Sendung entsprechend zu falten; die andere Schmalseite ist mit Siegelmarke oder dgl. an der Sendung zu befestigen.

Gewöhnlichen Briefsendungen mit Nachnahme (ausschließlich solcher in Kartenform) kann die ausgefüllte Zahlkarte (Anl. 12) auch in einer mit einer Verschlußklappe versehenen offenen Tasche beigefügt werden, die auf der Rückseite des Briefes, der Drucksache usw. angebracht ist.

Zu III und IV Von dem Verfahren der Überweisung eingezogener Postauftrags- und Nachnahmebeträge mit Zahlkarte auf das Postscheckkonto können nur die Kontoinhaber selbst Gebrauch machen. Es ist also nicht zulässig, daß Nichtkontoinhaber den von ihnen aufgelieferten Postaufträgen oder Nachnahmen Zahlkarten beifügen, die auf ein Postscheckkonto lauten.

Die Kontoinhaber können die Beträge der von ihnen ausgehenden Postaufträge und Nachnahmen nach Österreich, Ungarn, der Schweiz und Luxemburg unmittelbar ihrem Postscheckkonto in Deutschland **durch Postanweisung** überweisen lassen. Hierzu ist erforderlich, daß am Fuße des ersten Teils des internationalen Postauftrags oder bei Nachnahme-Briefsendungen unmittelbar unter der Angabe des Nachnahmebetrags ohne Anwendung von Abkürzungen vermerkt wird:

„Betrag an das Postscheckamt in H . . . .
zur Gutschrift auf das Konto Nr. . . . . des
N . . . . in M . . . .“

Enthält der Postauftrag Wertpapiere für mehrere Zahlungspflichtige, so gilt der Überweisungsvermerk für alle einzulösenden Papiere.

Bei Nachnahmepaketen hat der Absender die mit der Paketkarte verbundene, von ihm vorzuschreibende Postanweisung unmittelbar an das zuständige deutsche PSchA. unter Angabe seiner Kontonummer wie folgt zu adressieren:

„An das K. Postscheckamt
zur Gutschrift auf das Konto Nr. . . . . . .
des N . . . . in M . . . .
in
H . . . .
(Ort des PSchA.).“

Zu V Auf Antrag des Kontoinhabers werden die Vordrucke Anl. 8 bis 12 bei den PSchÄ. in gleicher Weise wie die Zahlkarten (§ 2 zu V) bedruckt.

Auf dem Abschnitte der Auftrags- und Nachnahme-Zahlkarten können Name und Wohnort des Empfängers wegbleiben, wenn ein Kassen- oder Buchungszeichen angegeben ist.

Zu VI Für den Bezug von Mustern zu den Vordrucken, die Einsendung von Probeabdrucken an die PSchÄ. usw. gilt § 2 zu IV sinngemäß.

Überweisungen von einem anderen Postscheckkonto.

§ 5. I Die für Kontoinhaber von anderen Kontoinhabern überwiesenen Beträge werden dem Konto des Empfängers gutgeschrieben.

II Das Postscheckamt übersendet dem Kontoinhaber nach der Gutschrift die Abschnitte der Überweisungen (§ 7, III) und die Gutschriftzettel für Sammelüberweisungen (§ 7, IV).

III. Auszahlungen.

Allgemeines.

§ 6. I Zu Überweisungen und Schecks dürfen nur die vom Postscheckamt bezogenen Vordrucke benutzt werden.

II Der Kontoinhaber ist verpflichtet, die Vordrucke zu Überweisungen und Schecks sorgfältig und sicher aufzubewahren. Er trägt alle Nachteile, die aus dem Verlust oder dem sonstigen Abhandenkommen sowie aus der mißbräuchlichen Benutzung der Vordrucke entstehen, wenn er nicht das Postscheckamt von dem Verlust usw. so zeitig benachrichtigt hat, daß die Überweisung oder Zahlung an einen Unberechtigten noch verhindert werden kann; auch hat er in solchem Falle die ihm vom Postscheckamt mitgeteilten Sicherheitsmaßnahmen zu beachten.

III Die Unterschriften der Personen, die zur Ausstellung von Überweisungen und Schecks berechtigt sein sollen, hat der Kontoinhaber dem Postscheckamt — zweifach — durch Unterschriftsblatt mitzuteilen, damit die Unterschriften auf den beim Postscheckamt eingehenden Überweisungen und Schecks auf ihre Echtheit geprüft werden können. Die vom Kontoinhaber zur Unterzeichnung von Überweisungen und Schecks ermächtigten Personen sind auch zur Bestellung von Überweisungs- und Scheckheften berechtigt, wenn der Kontoinhaber nicht ausdrücklich im Unterschriftsblatte diese Personen oder einzelne von ihnen davon ausgenommen hat.

IV Die dem Postscheckamt mitgeteilten Unterschriften gelten so lange, bis der Kontoinhaber diesem Amte das Erlöschen der Vertretungsbefugnis schriftlich mitgeteilt hat.

V Die Überweisungen und Schecks müssen entweder durch Druck, mit der Schreibmaschine usw. oder handschriftlich mit Tinte ausgefüllt werden. Der Betrag ist in der Reichswährung einzutragen. Die Marksumme muß in Ziffern und in Buchstaben ausgedrückt sein.

VI Über die durch Überweisung oder Scheck gegebenen Aufträge erteilen die Postscheckämter den Kontoinhabern auf Wunsch Einlieferungsbescheinigungen, aus denen Name und Wohnort des Empfängers ersichtlich sind. Vordrucke für diese Lastschriftzettel werden von den Postscheckämtern in Blocks zu 100 Stück für 20 Pf. abgegeben. Durch die Privatindustrie hergestellte Vordrucke müssen mit den amtlichen genau übereinstimmen. Die Kontoinhaber haben diese Lastschriftzettel auszufüllen und mit der Überweisung oder dem Scheck an das Postscheckamt zu senden.

Zu § 6.

Zu **II** Der Kontoinhaber steht hinsichtlich seines Postscheckkontos zu der Postverwaltung in einem Vertragsverhältnisse, dessen rechtliche Grundlage das PSchG. und die einen Bestandteil des Vertrags bildenden Vorschriften der PSchO. sind. Danach erschöpft sich das Verhältnis zum PSchA. keineswegs in der Pflicht des PSchA. zur Verwahrung der Stammeinlage (PSchG. § 2) nebst den nachträglichen Einzahlungen (PSchO. §§ 2—5) sowie zur Leistung auf die gedeckten Anweisungen des Inhabers (PSchO. §§ 7—9). Vielmehr sind beiden Teilen Nebenpflichten zur Sicherung des Postscheckverkehrs gegen Fälschungen usw. auferlegt. Der Kontoinhaber hat die Vordrucke zu Überweisungen und Schecks sorgfältig und sicher aufzubewahren, ferner hat er das PSchA. von dem Verlust usw. eines Vordrucks so zeitig zu benachrichtigen, daß die Überweisung oder Zahlung an einen Unberechtigten noch verhindert werden kann, womit natürlich nur eine an sich zur Sperre geeignete, nicht eine die Sperre schlechtweg ermöglichende Nachricht gemeint ist. Hierzu tritt nach BGB. § 254 Abs. 2 noch die Pflicht des Kontoinhabers, durch Fahndung nach dem Fälscher usw. die Abwendung oder Minderung des Schadens zu versuchen. Anderseits hat das PSchA. nach Abs. III die Echtheit der Unterschriften auf den beim PSchA. eingehenden Überweisungen und Schecks zu prüfen.

Zu **III** Das Unterschriftsblatt zur Abgabe der Unterschriften (Anl. 13) wird bei Eröffnung des Kontos dem Kontoinhaber vom PSchA. in zwei Abdrucken übersandt, die er beide ausgefüllt an das PSchA. zurückzusenden hat. Tritt bezüglich der Personen, die zur Ausstellung von Überweisungen und Schecks für ein Konto berechtigt sind, eine Änderung ein, so hat der Kontoinhaber beim PSchA. die Übersendung von zwei neuen Unterschriftsblättern zu beantragen.

Für den Kontoinhaber empfiehlt es sich, eine genaue Abschrift der Unterzeichnungen zurückzubehalten, damit er jederzeit feststellen kann, in welcher Form diese abgegeben worden sind.

Durch die Ausfertigung der Unterschriftsblätter wird zwischen dem Kontoinhaber und der Postverwaltung auf Grund des Abs. III ein Sondervertrag abgeschlossen des Inhalts, daß die in den Unterschriftsblättern namhaft gemachten Personen berechtigt sind, für den Kontoinhaber Überweisungen und Schecks zu zeichnen; ferner daß die Unterschriften auf Überweisungen und Schecks für echt anzusehen sind, wenn sie mit den in den Unterschriftsblättern abgegebenen Unterschriften übereinstimmen. Bei diesem Sondervertrage scheiden alle anderen Rechtsbeziehungen des zur Zeichnung der Überweisungen und Schecks Ermächtigten zum Kontoinhaber — Rechtsverhältnisse auf Grund der Verzeichnisse der Handelsfirmen usw. — aus, weil der Sondervertrag lediglich die Ausführung jener Bestimmung der PSchO. bedeutet, die als Rechtsverordnung bindend vorschreibt, auf wessen Zeichnung hin Überweisungen und Schecks dem PSchA. gegenüber gelten sollen. Das PSchA. hat daher nur zu prüfen, ob die Unterschriftsblätter vom Kontoinhaber oder seinem gesetzmäßigen Vertreter — bei Firmen nach Inhalt des Verzeichnisses der Handelsfirmen — rechtsgültig vollzogen sind, und nicht etwa, in welchem rechtlichen Verhältnis die zur Zeichnung der Überweisungen und Schecks ermächtigten Personen zum Kontoinhaber stehen. Denn der Kontoinhaber ist in der Auswahl der Personen, die er zur Zeichnung von Überweisungen und Schecks ermächtigen will, unbeschränkt und nicht nur auf die Personen angewiesen, zu denen er schon auf Grund des Verzeichnisses der Handelsfirmen usw. in Rechtsbeziehungen steht. Aus diesem Grunde wird auch bei Firmen, die Gesamtvertretung haben, allgemein eine solche bei Vollziehung der Überweisungen oder Schecks nicht beansprucht. Diese Art der Zeichnung wird nur gefordert, wenn sie der Kontoinhaber im Unterschriftsblatt unter „Besonderes" ausdrücklich vorgesehen hat. Dieser Standpunkt schließt jedoch nicht aus, daß beim PSchA. geprüft wird, ob bei Firmen, die Gesamtvertretung haben, der Unterzeichner des Unterschriftsblatts befugt ist, Einzelpersonen zur Zeichnung von Überweisungen und Schecks zu ermächtigen. Bei eingetragenen Firmen usw. — offene Handelsgesellschaften, Kommanditgesellschaften, Aktiengesellschaften, Gesellschaften mit beschränkter Haftung, eingetragene Genossenschaften und eingetragene Vereine — ist er dazu befugt. Dies folgt, soweit die betreffenden Gesetze es nicht besonders vorschreiben, aus der Vertretungsbefugnis an sich und daraus, daß es nicht verboten ist. Bei **nicht** eingetragenen Firmen, Vereinen usw. dagegen kann Einzelvollmacht durch Vertrag, Satzung usw. ausgeschlossen sein. Die PSchÄ. prüfen daher in jedem Falle, ob nach dem zugrunde liegenden Rechtsverhältnisse (Vertrag, Satzung) Einzelvollmacht statthaft ist. Die Einzelzeichnung wird als zulässig erachtet, wenn die Erteilung von Einzelvollmacht nach dem zugrunde liegenden Rechtsverhältnisse (Vertrag, Satzung oder dgl.) nicht verboten ist.

Nach Punkt II der Bemerkungen auf der Rückseite des Unterschriftsblatts ist es nicht zulässig, daß die Kontoinhaber Unterschriften hinterlegen, wonach die von ihnen zur Vollziehung von Überweisungen und Schecks usw. ermächtigten Personen mit dem Namen oder der Firma des Kontoinhabers zu zeichnen haben. Durch diese Art der Vollziehung der Überweisungen und Schecks würde bei den PSchÄ. die Prüfung, ob die Unterschrift von einem Berechtigten herrührt, erschwert werden, namentlich wenn für einen Kontoinhaber mehrere Personen zur Zeichnung in der angegebenen Weise berechtigt sind. Wenngleich die Rechtsgültigkeit einer nur mit dem Namen des Vollmachtgebers vollzogenen Urkunde nach der Rechtsprechung nicht zu bezweifeln ist (vgl. Kommentar der Reichsgerichtsräte zum BGB., Note 2 zu § 126), ist es doch für den Betrieb der PSchÄ. und mit Rücksicht auf die weitgehende Haftverbindlichkeit, die mit der Prüfung der Unterschriften übernommen wird, erforderlich, daß die zur Vollziehung von Überweisungen und Schecks ermächtigten Personen sich bei der Zeichnung nicht auf den Namen oder die Firma des Machtgebers beschränken, sondern, wie es auch im Bankverkehr üblich ist, mit ihrem eigenen Namen mit oder ohne Voransetzung des Namens oder der Firma des Kontoinhabers zeichnen.

Zu V Die Unterschrift ist stets handschriftlich abzugeben; dabei kann Tintenstift benutzt werden.

Bei Schecks, deren Betrag im Auslande durch Postanweisung ausgezahlt werden soll, kann dieser in der Währung des Bestimmungslandes angegeben werden.

Zu VI Die PSchÄ. stellen über die durch Überweisung oder Scheck erteilten Aufträge Lastschriftzettel (Anl. 14) aus.

Der Lastschriftzettel, aus dem Name und Wohnort des Empfängers ersichtlich sind, wird nach Anl. 15 hergestellt.

Die PSchÄ. vollziehen die Lastschriftzettel durch den Abdruck des Aufgabestempels und fügen sie dem Kontoauszug (Anl. 2) bei.

Den Lastschriftzetteln für Einlieferungsbescheinigungen (Anl. 15) kommt die gleiche Beweiskraft zu wie den Einlieferungsbescheinigungen nach der PO. § 31 (S. 107). Die Postverwaltung haftet für den durch unrichtige Ausführung der Aufträge (Überweisung auf ein unrichtiges Konto oder Auszahlung an eine unrichtige Person) etwa entstehenden Verlust (PSchG. § 9).

Überweisungen auf ein anderes Postscheckkonto.

§ 7. I **Die Vordrucke zu Überweisungen werden den Kontoinhabern vom Postscheckamt unentgeltlich geliefert.**

II Die Überweisungen können auf jeden beliebigen Betrag innerhalb des verfügbaren Guthabens ausgestellt werden.

III Der Abschnitt der Überweisung dient zu Mitteilungen an den Gutschriftempfänger.

IV Aufträge für mehrere Empfänger können in einer Überweisung (Sammelüberweisung) zusammengefaßt werden. In der Überweisung ist in diesem Falle an der für die Angabe des Gutschriftempfängers vor-

gesehenen Stelle der Vermerk „laut Anlage" niederzuschreiben.

Den Sammelüberweisungen können besondere Zettel für Mitteilungen (Gutschriftzettel) beigefügt werden. Vordrucke hierfür werden von den Postscheckämtern in Blocks zu 100 Stück für 15 Pf. abgegeben. Durch die Privatindustrie hergestellte Vordrucke müssen mit den amtlichen genau übereinstimmen.

V Kontoinhaber, die die Beiträge für die Angestelltenversicherung durch Überweisung entrichten, haben den Überweisungen bei der Übersendung an das Postscheckamt besondere Gutschriftzettel beizufügen. Die Gutschriftzettel werden in Blocks zu 50 Stück für 10 Pf. von den Postscheckämtern abgegeben. Durch die Privatindustrie hergestellte Vordrucke müssen mit den amtlichen genau übereinstimmen.

VI Der Aussteller einer Überweisung kann beantragen, daß das Postscheckamt, bei dem sein Konto geführt wird, den Gutschriftempfänger unmittelbar benachrichtigt. Die Benachrichtigung geschieht

a) durch Telegramm,

wenn das Konto des Gutschriftempfängers bei demselben Postscheckamt geführt wird,

b) durch Brief oder durch Telegramm,

wenn das Konto des Gutschriftempfängers bei einem anderen Postscheckamt geführt wird.

Der Abschnitt der Überweisung wird bei schriftlicher Benachrichtigung dem Benachrichtigungschreiben beigefügt. Bei telegraphischer Benachrichtigung erhält der Empfänger den Abschnitt in der gewöhnlichen Weise (§ 1, IV) durch das Postscheckamt, das sein Konto führt;

auf dem Abschnitte niedergeschriebene Mitteilungen werden in das Benachrichtigungs-Telegramm aufgenommen.

An Gebühren werden vom Aussteller durch Abbuchung von seinem Konto erhoben:

bei schriftlicher Benachrichtigung 20 Pf.,
bei telegraphischer Benachrichtigung die Telegrammgebühr.

VII Der Aussteller hat die Überweisung an das Postscheckamt zu senden, bei dem sein Konto geführt wird.

VIII Der Kontoinhaber kann eine Überweisung zurücknehmen, solange der Betrag auf dem Konto des Empfängers noch nicht gutgeschrieben worden ist.

Zu § 7.

Zu **I** Die Überweisung wird nach Anl. 16 hergestellt.

Zu **II** Bei der Ausfüllung der Überweisung ist sorgfältig darauf zu achten, daß die Überweisung nachträglich nicht geändert werden kann.

Zu den Überweisungsaufträgen nach dem Ausland (Österreich, Ungarn, Schweiz, Belgien und Luxemburg) sind die inländischen Überweisungen zu benutzen. Nach Luxemburg ist der Betrag in der Reichswährung anzugeben; nach den übrigen Ländern kann er in der Reichswährung oder — unter Änderung des Vordrucks „......ℳ....Pf." — in der Währung des Bestimmungslandes angegeben werden.

Stimmt in einer Überweisung der Betrag in Ziffern nicht mit dem in Buchstaben überein, so wird die Überweisung nach dem geringeren Betrag ausgeführt.

Zu **III** Die Abschnitte der Überweisungen dürfen auch im Auslandsverkehr zu Mitteilungen an den Empfänger benutzt werden, ausgenommen nach Österreich und Ungarn.

Die Abschnitte der Überweisungen und die Gutschriftzettel (III und IV) werden von den PSchÄ. auf Antrag der Kontoinhaber mit Text (Firmenangabe usw.) gegen Erstattung der

Kosten bedruckt. Die Höhe der Kosten teilen die PSchÄ. auf Wunsch vorher mit.

Zu IV Abs. 1 Der Sammelüberweisung ist ein vom Kontoinhaber zu unterschreibendes Verzeichnis nach Anl. 17 beizufügen. Die Schlußsumme des Verzeichnisses muß mit dem in der Überweisung angegebenen Betrag übereinstimmen.

Überweisungen auf Konten beim eigenen PSchA. sind stets von den Überweisungen auf Konten bei den anderen PSchÄ. zu trennen, so daß, wenn beide Arten von Überweisungen vorliegen, der Kontoinhaber zwei getrennte Sammelüberweisungen fertigen muß. Auch dürfen in die Anlagen für Sammelüberweisungen nach dem Inland Aufträge nach dem Auslande nicht aufgenommen werden.

Die Überweisungsgebühr (PSchG. § 5 Ziff. 3) wird für jede in das Verzeichnis aufgenommene Überweisung berechnet.

Zu IV Abs. 2 Der Gutschriftzettel für Sammelüberweisungen wird nach Anl. 18 hergestellt.

Im Auslandsverkehr können Gutschriftzettel ebenfalls beigefügt werden, ausgenommen nach Österreich und Ungarn.

Aufträge mit Gutschriftzetteln sind nicht mit solchen ohne Gutschriftzettel zusammen in dieselbe Sammelüberweisung aufzunehmen. Will der Kontoinhaber nicht allen vorliegenden Aufträgen Gutschriftzettel beifügen, so hat er zweckmäßig eine Sammelüberweisung für Aufträge mit Gutschriftzetteln und eine zweite für Aufträge ohne Gutschriftzettel zu fertigen.

Zu V Der Gutschriftzettel wird nach Anl. 19 hergestellt. Der Kontoinhaber hat den Abschnitt von der Überweisung abzutrennen und zu beseitigen.

Zu VI Der Antrag ist auf der Überweisung links unten durch den Vermerk zu stellen: „Empfänger schriftlich benachrichtigen" oder „Empfänger telegraphisch benachrichtigen". In der Überweisung ist die vollständige Adresse des Empfängers (einschl. der Straße usw.) anzugeben. In die Anlage zur Sammelüberweisung (Anl. 17) dürfen solche Aufträge nicht aufgenommen werden.

Zu VII Ein Begleitschreiben ist nicht erforderlich.

Sendet der Aussteller mit der Sammelüberweisung (IV) die Anlage (Anl. 17) dem PSchA. in zwei gleichlautenden Ausfertigungen ein, so vollzieht das PSchA. die eine Ausfertigung mit dem Abdrucke des Aufgabestempels und fügt sie an Stelle des Lastschriftzettels (Anl. 14) dem Kontoauszug (Anl. 2) bei.

Den mit dem Abdrucke des Aufgabestempels des PSchA. versehenen Einlieferungsbescheinigungen kommt die gleiche Beweiskraft zu wie den Einlieferungsbescheinigungen nach der PO. § 31 (S. 107). Die Postverwaltung haftet für den durch die unrichtige Ausführung der Aufträge (Überweisung an eine unrichtige Person) etwa entstehenden Verlust (PSchG. § 9).

Telegraphische Überweisungen.

§ 8. I Überweisungen bis 3000 ℳ können auf Antrag des Ausstellers einem bei einem anderen Postscheckamt geführten Konto telegraphisch übermittelt werden.

II Der Gutschriftempfänger wird durch das Postscheckamt, bei dem sein Konto geführt wird, von der Gutschrift in der gewöhnlichen Weise (§ 1, IV) benachrichtigt.

III Der Aussteller einer telegraphischen Überweisung kann auch beantragen, daß das Postscheckamt, bei dem sein Konto geführt wird, den Gutschriftempfänger schriftlich oder telegraphisch benachrichtigt (§ 7, VI).

IV Die auf dem Abschnitte der Überweisung vom Auftraggeber niedergeschriebenen besonderen Mitteilungen werden durch das Überweisungs-Telegramm dem Bestimmungs-Postscheckamt und von diesem in der gewöhnlichen Weise (§ 1, IV) durch einen Gutschriftzettel dem Empfänger übermittelt (II). War schriftliche oder telegraphische Benachrichtigung des Empfängers verlangt

(III), so werden die Mitteilungen in die schriftliche oder telegraphische Benachrichtigung aufgenommen.

V An Gebühren werden vom Aussteller durch Abbuchung von seinem Konto erhoben:

1. die Überweisungsgebühr,
2. die Telegrammgebühr für das Überweisungs-Telegramm und eintretendenfalls
3. bei schriftlicher Benachrichtigung 20 Pf., bei telegraphischer Benachrichtigung die Telegrammgebühr.

Zu § 8.

Zu I und III Der Antrag auf telegraphische Überweisung ist auf der Überweisung links unten durch den Vermerk „Telegraphisch" zu stellen. Soll außerdem der Empfänger vom PSchA., bei dem das Konto des Ausstellers geführt wird, schriftlich oder telegraphisch benachrichtigt werden (III), so muß der Vermerk lauten: „Telegraphisch überweisen, Empfänger schriftlich (telegraphisch) benachrichtigen". In die Anlage zur Sammelüberweisung (Anl. 17) dürfen telegraphisch zu erledigende Aufträge nicht aufgenommen werden.

Liegen gleichzeitig mehrere Überweisungen eines Auftraggebers für denselben Empfänger vor, so wird für jede Überweisung ein besonderes Telegramm ausgefertigt.

Zu IV Der Abschnitt der Überweisung wird dem Empfänger nur zugestellt, wenn besondere schriftliche Benachrichtigung verlangt ist.

Auszahlungen durch Scheck.

§ 9. I Die Vordrucke zu Schecks werden den Kontoinhabern vom Postscheckamt in Heften von 50 Stück für 50 Pf. geliefert.

II Der Höchstbetrag eines Schecks ist 20000 *M.*

Von der am linken Rande des Schecks befindlichen

Zahlenreihe hat der Aussteller vor der Ausgabe des Schecks die Zahlen, die den Betrag des Schecks übersteigen, mit Tinte durchzustreichen. Ist dies versehentlich unterblieben, so befindet das Postscheckamt darüber, ob der Scheck einzulösen ist.

III Der Abschnitt des Schecks dient zu Mitteilungen an den Empfänger.

IV Mit einem Scheck kann Auftrag zu Barzahlungen an mehrere Empfänger erteilt werden (Sammelscheck). Im Scheck ist in diesem Falle an der für die Angabe des Empfängers vorgesehenen Stelle der Vermerk „laut Anlage" niederzuschreiben.

V Der Scheck ist binnen zehn Tagen nach der Ausstellung bei dem Postscheckamt zur Einlösung vorzulegen. Wird ein Scheck nach Ablauf dieser Frist vorgelegt, so befindet das Postscheckamt darüber, ob der Scheck einzulösen ist.

Der Kontoinhaber kann einen von ihm an das Postscheckamt gesandten Scheck, in dem der Name des Empfängers angegeben ist, zurücknehmen, solange die Zahlungsanweisung dem Empfänger noch nicht zugestellt ist. Die für die Benachrichtigung der Bestimmungs-Postanstalt erwachsenden Gebühren werden vom Konto abgebucht.

VI Schecks mit Indossament werden nicht eingelöst.

VII Ist im Scheck der Empfänger genannt, so wird die Postanstalt vom Postscheckamt durch Zahlungsanweisung beauftragt, den Betrag an den Empfänger zu zahlen.

VIII Hat der im Scheck genannte Empfänger selbst ein Konto bei demselben oder einem anderen Postscheckamt, und soll der Betrag diesem Konto gutgeschrieben werden, so sind im Scheck neben dem Namen des Empfängers auch die Nummer seines Kontos und das Postscheckamt, bei dem es geführt wird, anzugeben.

IX Die Zahlungsanweisungen nebst den Beträgen werden dem Empfänger, wenn keine Abholung im Sinne der Postordnung § 42 stattfindet, ins Haus bestellt

im Ortsbestellbezirke	bis	3000 ℳ,
„ Landbestellbezirke	„	800 „

Lautet die Zahlungsanweisung auf einen höheren Betrag, so wird nur die Zahlungsanweisung bestellt. Der Betrag ist in diesem Falle bei der Postanstalt auf Grund der Zahlungsanweisung abzuholen. Für eine Zahlungsanweisung mit dem Betrage wird

bis 1500 ℳ	5 Pf.
über 1500 ℳ bis 3000 ℳ	10 „

Bestellgeld erhoben.

X Der Aussteller des Schecks kann die Bestellgebühr für Zahlungsanweisungen (IX) im voraus entrichten. In diesem Falle hat er auf der Rückseite des Schecks — am oberen Rande über dem Vordruck „Adresse für die Postbeförderung" — den Vermerk „Bestellgeldfrei" niederzuschreiben und rechts daneben die Freimarke zu kleben. Bei Sammelschecks (IV) ist der Vermerk in der Anlage neben den Beträgen zu machen, die bestellgeldfrei ausgezahlt werden sollen; die Marken sind hier so beizufügen, daß sie beim Postscheckamt abgenommen und auf die Zahlungsanweisung geklebt werden können. Die vorausbezahlte Bestellgebühr wird nicht erstattet, wenn die Zahlungsanweisung am Bestimmungsort abgeholt wird, oder wenn sie unbestellbar ist.

XI Die in der Postordnung § 39 und 41 bis 45 für Postanweisungen erlassenen Vorschriften über

die Bestellung,
die Aushändigung von postlagernden Postanweisungen,
die Abholung,
die Aushändigung der Beträge nach Behändigung der Postanweisungen,
die Nachsendung der Postanweisungen sowie die Behandlung unbestellbarer Postanweisungen am Bestimmungsorte

gelten sinngemäß für die Zahlungsanweisungen.

XII Scheckbeträge bis 3000 *M* können dem Empfänger durch telegraphische Zahlungsanweisung übermittelt werden. Für die telegraphischen Zahlungsanweisungen gilt die Postordnung § 21 sinngemäß. Hat der Scheckaussteller die telegraphische Übermittelung beantragt, so wird der Betrag des Schecks dem Empfänger unverkürzt überwiesen; außer diesem Betrage wird die Telegrammgebühr und zutreffendenfalls das Eilbestellgeld für die Bestellung an den Empfänger vom Konto abgebucht. Hat dagegen der Empfänger die telegraphische Übermittelung beantragt, so wird der Betrag des Schecks um die Telegrammgebühr gekürzt.

XIII Der Betrag eines Schecks kann dem Empfänger durch besonderen Boten zugestellt werden (Eilbestellung). Für das Verfahren gilt die Postordnung § 22 sinngemäß. Auf der Rückseite des Schecks — am oberen Rande über dem Vordruck „Adresse für die Postbeförderung" — ist der Vermerk „Durch Eilboten" niederzuschreiben. Will der Scheckaussteller das Eilbestellgeld tragen, so hat er die Worte „Bote bezahlt" hinzuzufügen. Vom Konto werden dann der Betrag des Schecks und das Eilbestellgeld abgebucht.

XIV Wohnt der im Scheck bezeichnete Empfänger im Auslande, so wird ihm der Betrag durch Postanweisung oder Wertbrief übersandt. Vom Konto des Scheckausstellers werden der Betrag des Schecks und das Porto für die Postanweisung oder den Wertbrief abgebucht.

XV Der Inhaber eines Schecks, in dem kein Zahlungsempfänger angegeben ist, kann

A. den Scheck bei der Kasse des Postscheckamts, das das Konto des Scheckausstellers führt, zur Einlösung vorlegen,
oder verlangen,

B. daß der Betrag einem Postscheckkonto gutgeschrieben,
oder

C. daß der Betrag des Schecks durch eine Postanstalt bar gezahlt werde. Im Falle C geschieht dies

a) durch Zahlungsanweisung, wenn der Empfänger im Inlande wohnt,

b) durch Postanweisung oder Wertbrief, wenn der Empfänger im Auslande wohnt.

Im Falle zu b wird der Betrag des Schecks um das Porto für die Postanweisung oder den Wertbrief gekürzt. Für die Überweisung des Geldes durch telegraphische Zahlungsanweisung gelten die Vorschriften unter XII sinngemäß.

Zu § 9.

Zu **I** Der Scheck wird nach Anl. 20 hergestellt.

Zu **II** Postschecks sind von der nach Tarifnummer 10 des

Reichsstempelgesetzes vom 3. Juli 1913 zu entrichtenden Stempelabgabe befreit.

Bei der Ausfüllung des Schecks ist sorgfältig darauf zu achten, daß er nicht geändert werden kann.

Schecks, die an der Zahlstelle des PSchA. gegen rote Überweisungen auf die Reichsbank eingetauscht oder die mit dem Vermerke „Nur zur Verrechnung" versehen in die Abrechnungstellen der Reichsbank eingeliefert werden, sowie Sammelschecks (IV) werden nicht beanstandet, wenn sie über höhere Beträge als 20000 ℳ lauten. Für die beiden erstbezeichneten Arten von Schecks wird neben der Steigerungsgebühr von $^1/_{10}$ vom Tausend des Betrags eine feste Gebühr von 5 Pf. für je 20000 M oder einen Teil dieser Summe erhoben.

Zu III Die Abschnitte zu Schecks werden von den PSchÄ. auf Antrag der Kontoinhaber mit Text (Firmenangabe usw.) gegen Erstattung der Kosten bedruckt. Die Höhe der Kosten teilen die PSchÄ. auf Wunsch vorher mit.

Zu IV Dem Sammelscheck ist ein vom Kontoinhaber zu unterschreibendes Verzeichnis nach Anl. 21 beizufügen. Alle Einzelbeträge müssen zur Auszahlung in bar bestimmt sein. Die Schlußsumme des Verzeichnisses muß mit dem im Scheck angegebenen Betrag übereinstimmen.

Die Gebühren (PSchG. § 5 Ziff. 2) werden nach den Einzelaufträgen berechnet.

Zu V Der Scheck ist an das PSchA. einzusenden, das das Konto des Scheckausstellers führt. Ein Begleitschreiben ist nicht erforderlich.

Sendet der Aussteller mit dem Sammelscheck (IV) das Verzeichnis (Anl. 21) dem PSchA. in zwei gleichlautenden Ausfertigungen ein, so versieht das PSchA. die eine Ausfertigung mit dem Abdrucke des Aufgabestempels und fügt sie an Stelle des Lastschriftzettels (Anl. 14) dem Kontoauszug (Anl. 2) bei.

Zwischen den PSchÄ. und Kontoinhabern, namentlich gegenüber Kassen von Behörden, kann vereinbart werden, daß die Kontoinhaber dem Sammelscheck das Verzeichnis (Anl. 21) und den Entwurf zu einer vorläufigen Empfangsbescheinigung in je einer Ausfertigung beifügen. Die Empfangsbescheinigung, in die nur die Stückzahl und der Gesamtbetrag der Aufträge aus dem Verzeichnis aufzunehmen sind, wird nach Abbuchung des im Scheck angegebenen Betrags vom Postscheckkonto durch den Abdruck des Aufgabestempels vollzogen und dem Kontoauszug als Lastschriftzettel beigefügt. Das Verzeichnis bleibt dann solange beim PSchA., als es daselbst zu Prüfungs- und Aufklärungszwecken noch gebraucht wird (etwa vier bis sechs Wochen). Danach wird es vom PSchA., mit der endgültigen Quittung versehen, dem Kontoinhaber behändigt, der dafür die vorläufige Empfangsbescheinigung zurückzugeben hat.

Den mit dem Abdrucke des Aufgabestempels des PSchA. versehenen Einlieferungsbescheinigungen kommt die gleiche Beweiskraft zu wie den Einlieferungsbescheinigungen nach der PO. § 31 (S. 107). Die Postverwaltung haftet für den durch die unrichtige Ausführung der Aufträge (Auszahlung an eine unrichtige Person) etwa entstehenden Verlust (PSchG. § 9).

Zu VII Der Empfänger ist auf der Rückseite des Schecks unterhalb des Vordrucks „Adresse für die Postbeförderung“ anzugeben. Soll der Betrag eines Schecks dem Kontoinhaber selbst durch eine Postanstalt bar ausgezahlt werden, so hat dieser sich selbst auf der Rückseite als Zahlungsempfänger zu bezeichnen.

Mit einem Scheck kann auch Auftrag zur Zahlung des Betrags an die Kassen und Besatzungen der deutschen Kriegsschiffe erteilt werden.

Das PSchA. beauftragt die Postanstalt zur Zahlungsleistung dergestalt, daß es die Rückseite des Schecks mit einem Prägestempel (Hochdruckstempel) und dienstlichen Vermerken versieht, bei Sammelschecks (IV) aber zu jedem in das Verzeichnis (Anl. 21) eingetragenen Auftrag eine Zahlungsanweisung (Anl. 22) fertigt. Behörden und deren Kassen sowie größere Firmen können die Zahlungsanweisungen (Anl. 22) auf Antrag selbst ausfertigen. Die Zahlungsanweisungen erhalten dann im Postvermerke für jeden Kontoinhaber eine besondere Lochziffer. Sie werden gegen Quittung abgegeben. Die Kontoinhaber müssen sich verpflichten, dem Reichspostfiskus für jeden Schaden zu haften, der durch mißbräuchliche Benutzung dieser Zahlungsanweisungen entsteht.

Zu IX Ist der in einer Zahlungsanweisung angegebene Empfänger selbst Inhaber eines Postscheckkontos, so kann er bei der Postanstalt, durch die er seine Postsachen erhält, beantragen, daß der Betrag der Zahlungsanweisung seinem Postscheckkonto gutgeschrieben werde.

Auf Antrag einer Firma usw. können Zahlungsanweisungen, die an ihr Zweiggeschäft gerichtet sind, dem PSchA. zur Gutschrift auf dem Konto des Hauptgeschäfts übersandt werden, wenn das Zweiggeschäft damit einverstanden ist. Die Abschnitte der Zahlungsanweisungen werden in solchem Falle nicht dem Zweig-, sondern dem Hauptgeschäfte durch das PSchA. zugestellt. Eine Mitwirkung des PSchA. oder der Bestellpostanstalten dahingehend, daß beim Vorhandensein mehrerer Zweiggeschäfte auf den Abschnitten der Zahlungsanweisungen angegeben wird, für welches Zweiggeschäft sie bestimmt sind, findet nicht statt.

Die Zahlungsanweisungen können auch im Reichsbankgirowege beglichen werden. Werden Giro-Zahlungsanweisungen den Empfängern durch die bestellenden Boten zugestellt, so wird die Bestellgebühr erhoben; der Satz von 10 Pf. gilt für alle Zahlungsanweisungen im Einzelbetrage von mehr als 1500 M.

Zu X Auch bei Zahlungsanweisungen nach Bayern kann die Bestellgebühr vorausbezahlt werden. Sie beträgt für jede Zahlungsanweisung

im Ortsbestellbezirke:

bis 800 M	5 Pf.,
über 800 M bis 2000 M . . .	10 „
über 2000 M	20 „

im Landbestellbezirke:

bis 5 M . . . . 5 Pf.,
über 5 M bis 800 M . . . . 10 „

Beträge von mehr als 800 M werden im Landbestellbezirke nicht bestellt.

In Württemberg ist die Bestellung gebührenfrei.

Zu XI Die einschlägigen Vorschriften der PO., in denen die besonderen Bestimmungen für die Zahlungsanweisungen berücksichtigt worden sind, sind auf S. 109 ff. abgedruckt.

Zu XII Der Antrag ist durch den Vermerk „Telegraphisch" auf der Vorderseite des Schecks unten links zu stellen und vom Antragsteller zu unterschreiben.

Gehen beim PSchA. von einem Absender gleichzeitig mehrere Schecks zur telegraphischen Übermittelung der Beträge an denselben Empfänger ein, so wird für jeden Scheck ein besonderes Telegramm gefertigt.

In die Anlage zum Sammelscheck (Anl. 21) dürfen telegraphisch zu erledigende Aufträge nicht aufgenommen werden.

Telegraphische Zahlungsanweisungen können auch im Reichsbankgirowege beglichen werden. Die Bestimmungs-Postanstalt fertigt dann zur Benachrichtigung des Empfängers einen Postanweisungsabschnitt oder einen diesen Abschnitt vertretenden Benachrichtigungzettel, versieht den Abschnitt (Zettel) mit dem Vermerke „Giro" und stellt ihn dem Empfänger unter Umschlag zu.

Wegen des Rückforderungsrechts des Absenders s. PO. § 33 zu I auf S. 108.

Gewöhnliche Zahlungsanweisungen bis 800 M können auf Verlangen des Ausstellers des Schecks oder des Empfängers telegraphisch nachgesandt werden. Die Zahlungsanweisung wird dabei als Postanweisung telegraphisch nachgesandt. Vom Betrage werden die für die Übermittelung nach dem neuen Bestimmungsorte zu erhebenden Gebühren (Telegrammgebühr, Eilbestellgeld usw.), nicht aber die Postanweisungsgebühr, abgezogen.

Zu **XIII** In die Anlage zum Sammelscheck (Anl. 21) dürfen derartige Aufträge nicht aufgenommen werden.

Zu **XIV** Der Kontoinhaber kann dem Scheck eine ausgefüllte internationale Postanweisung beifügen und auf diese Weise den Abschnitt zu Mitteilungen an den Empfänger benutzen. Auf der Vorderseite des Schecks ist links unten der Vermerk „Mit beigefügter Postanweisung" niederzuschreiben. Nach welchen Ländern Mitteilungen auf dem Postanweisungsabschnitte nicht zulässig sind, ergibt der Briefposttarif.

Der Scheckaussteller kann auf dem Scheck durch den Vermerk „Porto trägt der Empfänger" oder dgl. bestimmen, daß der Empfänger das Porto für die Postanweisung oder den Wertbrief tragen soll. In diesem Falle wird gemäß XV unter C, b der Betrag des Schecks um das Porto gekürzt.

Zu **XVA** Soll der Betrag eines Schecks von dem Kontoinhaber oder einer anderen Person unmittelbar bei der Kasse (Zahlstelle) des PSchA. bar abgehoben werden, so ist nur die Vorderseite des Schecks auszufüllen, also im Scheck außer dem Betrage nur Ort und Zeit der Ausstellung sowie die Unterschrift einzutragen (Inhaber- oder Kassenscheck).

Die Kassen (Zahlstellen) der PSchÄ. sind **werktäglich geöffnet**

von 9 vorm. bis 5 nachm. in Berlin, Breslau, Cöln, Frankfurt (Main), Hamburg und Leipzig,

von 9 vorm. bis 1 nachm. und von 3 bis 5 nachm. in Danzig und Hannover,

von 9 vorm. bis $12^1/_2$ nachm. und von $2^1/_2$ bis 5 nachm. in Karlsruhe (Baden).

Am 27. Januar, dem Geburtstage Seiner Majestät des Kaisers und Königs, werden die Zahlstellen in der Zeit von 9 vorm. bis 1 nachm. für den Verkehr mit dem Publikum drei Stunden offen gehalten.

Wird ein Scheck bei der Kasse des PSchA. eingereicht, so erhält der Einlieferer eine Kennummer. Sobald der Betrag des Schecks vom Konto abgebucht worden ist, wird er an die

Person ausgezahlt, die die Kennummer, am abgerissenen Rande unbeschädigt, dem Beamten zurückgibt und sich durch Nennung des Scheckbetrags als empfangsberechtigt ausweist.

Werden Schecks, **in denen kein Zahlungsempfänger angegeben ist** (Inhaber- oder Kassenschecks), **in gewöhnlichen Briefen** versandt, so trägt der Absender die hieraus etwa erwachsenden Nachteile.

Zu XV B Das Verlangen der Gutschrift ist im Scheck durch die Angabe der Adresse des Gutschriftempfängers, der Nummer seines Kontos und des Namens des PSchA. auszudrücken, bei dem das Konto geführt wird.

Zu XV C Das Verlangen der Barzahlung ist durch die Angabe der Adresse des Empfängers im Scheck auszudrücken.

IV. Entrichtung der Gebühren.

§ 10. I Die Gebühren (Postscheckgesetz § 5) und die Preise für Vordrucke werden vom Konto des Zahlungspflichtigen abgebucht.

II Der Preis für unbrauchbar gewordene Vordrucke (I) wird nicht erstattet.

III Für Laufschreiben wegen Sendungen des Postscheckverkehrs (Zahlkarten, Überweisungen, Schecks) wird die in der Postordnung § 47 festgesetzte Gebühr erhoben.

Zu § 10.

Zu I. Die Gebühren (PSchG. § 5) werden in Gebührenzetteln nach Anl. 23, die Preise für Vordrucke (Zahlkarten, Scheckhefte, Lastschriftzettel, Gutschriftzettel und Umschläge für den Postscheckbrief) sowie für abgebuchtes Porto, Telegrammgebühren usw. in Gebührenzetteln nach Anl. 24 zusammengestellt.

V. Portovergünstigung.

§ 11. I Die Umschläge für die Versendung der Briefe der Kontoinhaber an die Postscheckämter (Postscheckgesetz § 6) werden von den Postscheckämtern zum Preise von 5 Pf. für je 10 Stück an die Kontoinhaber verabfolgt.

II Die Umschläge können auch durch die Privatindustrie hergestellt werden; sie müssen in der Größe und Farbe des Papiers sowie im Vordrucke mit den amtlichen genau übereinstimmen.

Zu § 11.

Zu I. Der Umschlag für den Postscheckbrief wird nach Anl. 25 hergestellt.

Die Umschläge werden von den PSchÄ. vor der Abgabe kostenfrei mit der Kontonummer bedruckt.

VI. Änderungen in den Verhältnissen eines Kontoinhabers.

§ 12. I Änderungen in den rechtlichen Verhältnissen eines Kontoinhabers, die für sein Konto von Bedeutung sind, müssen dem zuständigen Postscheckamt mitgeteilt und durch Vorlegung öffentlicher Urkunden nachgewiesen werden. Unterbleibt diese Mitteilung, so hat die Postverwaltung den etwa aus der Unkenntnis der eingetretenen Änderungen entstehenden Schaden nicht zu vertreten.

II Stirbt ein Kontoinhaber, so kann das Konto auf Antrag bis zu 6 Monaten — vom Tode des Kontoinhabers ab — weitergeführt werden. Zur Stellung des Antrags sind die Erben berechtigt, die sich durch Vorlegung des Testaments, der gerichtlichen Erbbescheinigung usw. ausweisen müssen. Ist ein Testamentsvollstrecker, ein Nachlaßpfleger oder Nachlaßverwalter ernannt worden, so ist dieser zur Weiterführung des

Kontos berechtigt. Auch kann ein Kontoinhaber eine Person oder mehrere zur Weiterführung des Kontos nach seinem Tode bevollmächtigen.

III Beträge, die beim Postscheckamt unter der Aufschrift des Verstorbenen eingehen, sind dem Konto gutzuschreiben, so lange es nicht aufgehoben ist.

IV Die von dem Verstorbenen beim Postscheckamt niedergelegten Unterschriften (§ 6, III und IV) verlieren ihre Gültigkeit, sobald der Tod des Kontoinhabers dem Postscheckamt bekannt wird; bei Weiterführung des Kontos können sie jedoch von den Erben oder von den zur Weiterführung berechtigten Personen wieder in Kraft gesetzt werden. Die Unterschriften der bei Lebzeiten des Kontoinhabers zur Weiterführung des Kontos nach dem Tode bevollmächtigten Personen (II) bleiben gültig, wenn sie nicht von den Erben widerrufen werden. Der Widerruf steht jedem einzelnen Erben zu.

V Wird ein Antrag auf Weiterführung des Kontos von den dazu Berechtigten nicht gestellt und besteht auch keine Vollmacht zur Weiterführung des Kontos, so wird es geschlossen.

VI Die Beträge der nach dem Erlöschen eines Kontos noch eingehenden Einzahlungen werden den Einzahlern zurückgezahlt.

Zu § 12.

Zu I Mit der Eröffnung des Konkursverfahrens verliert der Kontoinhaber die Befugnis, über sein Konto beim PSchA. zu verfügen. Bevor die vor der Konkurseröffnung ausgestellten Überweisungen und Schecks eingelöst werden, muß dem Konkursverwalter Gelegenheit zur Äußerung gegeben sein. Die Unterschriften der zur Ausstellung von Überweisungen und Schecks auf dieses Guthaben berechtigten Personen verlieren ihre Gültigkeit. Das Verfügungsrecht geht auf den Konkursverwalter über, der seine Berechtigung durch Vorlegung der gerichtlichen Bestallung nachzuweisen hat.

Zu II Sobald das PSchA. von dem Tode eines Kontoinhabers Kenntnis erhält, wird das Konto bis zur Entscheidung darüber, ob es weiterzuführen ist oder nicht, für Auszahlungen gesperrt, wenn nicht eine Person zur Weiterführung bevollmächtigt ist. Überweisungen und Schecks, die bis zum Todestag ausgestellt sind, werden jedoch eingelöst, solange das Guthaben an die Erben noch nicht ausgezahlt ist. Sind die Erben bekannt, so werden sie vom PSchA. davon benachrichtigt, daß das Konto vorläufig für Auszahlungen gesperrt worden ist, und unter Hinweis auf die Zulässigkeit der Weiterführung des Kontos um Mitteilung innerhalb einer nach Lage des Falles festzusetzenden Frist ersucht, ob das Konto weitergeführt werden soll oder nicht.

Der Testamentsvollstrecker, Nachlaßpfleger oder Nachlaßverwalter muß sich durch eine gerichtliche Ausfertigung des Testaments oder gerichtliche Bestallung ausweisen.

Vordrucke zu Vollmachten stellen die PSchÄ. auf Verlangen zur Verfügung.

Über den Zeitraum von sechs Monaten hinaus — vom Tode des Kontoinhabers ab — ist die Weiterführung des Kontos nur zulässig, wenn es die zusätzliche Bezeichnung „Erben" erhält. Gutschriftaufträge, in deren Aufschrift dieser Zusatz fehlt, werden dann nicht mehr ausgeführt.

Die für Handelsfirmen, Vereine usw. geführten Konten werden durch den Tod des Inhabers der Firma, des Vereinsvorsitzenden usw. nicht berührt, wenn noch eine andere, durch den Gesellschaftsvertrag oder nach der Verfassung des Vereins usw. zur Vertretung berufene Person vorhanden ist.

Zu V Das Konto wird auch geschlossen, wenn auch nur ein Erbe mit der Weiterführung nicht einverstanden ist.

Das Guthaben wird an die Erben, die sich als solche auszuweisen haben, ausgezahlt. Hatte der Kontoinhaber beim

PSchA. eine Verfügung hinterlegt, nach der im Falle seines Todes eine bestimmt bezeichnete Person zur Abhebung seines Guthabens berechtigt sein soll, so wird das Guthaben an diese ausgezahlt.

VII. Änderung der Postscheckordnung.

§ 13. Werden die Vorschriften der Postscheckordnung geändert, so gelten die neuen Vorschriften auch für die bereits bestehenden Postscheckkonten.

VIII. Inkrafttreten.

§ 14. Diese Verordnung tritt am 1. Juli 1914 in Kraft.

Berlin, den 22. Mai 1914.

Der Reichskanzler.
In Vertretung:
Kraetke.

Anl. 1 (zu § 1)

Antrag auf Eröffnung eines Postscheckkontos.

Ich / Wir wünsche..... dem Postscheckverkehr beizutreten und beantrage..... die Eröffnung eines Kontos beim Kaiserlichen Postscheckamt in ....
unter folgender Bezeichnung ....

....

....

Das Nichtgewünschte ist zu streichen

In das gedruckte Verzeichnis der Kontoinhaber (s. Punkt 1 der Rückseite) ersuche..... ich / wir hierzu folgenden Zusatz aufzunehmen: ....

....

Ferner ersuche..... ich / wir um Lieferung von

.... Scheckheft....,

.... Zahlkarten mit Vordruck der Nummer und Kontobezeichnung,

.... Zahlkarten ohne diesen Vordruck.

....

....

Vordruck zu a oder b streichen (s. Punkt 2 der Rückseite)

Sendungen des Postscheckamts mit den bestellten Überweisungs- und Scheckheften sowie mit Unterschriftsblättern sind abzusenden:

a) unter „Eigenhändig", „Einschreiben" und „Gegen Rückschein".

b) nur unter „Einschreiben" und „Gegen Rückschein".

(Ort).................., den .... 191....

(Straße und Hausnummer)..................

....

Unterschrift des Antragstellers (Privatpersonen haben sämtliche Vornamen anzugeben; der Rufname ist zu unterstreichen)

....

(Stand, Beruf, Geschäftszweig)

Rückseite beachten

Bemerkungen.

1. Antragsteller.

Eingetragene Firmen haben den Wortlaut der handelsgerichtlichen Eintragung genau anzugeben.

Nichteingetragene Gesellschaften, Vereine, Genossenschaften haben die Satzung vorzulegen.

Ehefrauen bedürfen in der Regel der Zustimmung des Ehemanns.

In das gedruckte Verzeichnis der Kontoinhaber wird auf Wunsch eine Angabe über Beruf oder Gewerbe (Geschäftszweig) usw. des Kontoinhabers als kurzer Zusatz kostenfrei aufgenommen.

2. Vordrucke.

Die Überweisungshefte werden unentgeltlich geliefert. Bei Eröffnung des Kontos wird dem Kontoinhaber ein solches Heft übersandt.

Ein Scheckheft (50 Blätter) kostet 50 Pf.

Zahlkarten werden zu 5 Pf. für 10 Stück verkauft.

Da bei handschriftlicher Eintragung der Nummer und Kontobezeichnung leicht Irrtümer unterlaufen, empfiehlt es sich, möglichst nur Zahlkarten zu benutzen, auf denen diese Angaben vorgedruckt sind. Das Bedrucken kostet

für 50 Zahlkarten 35 Pf., für 100 Zahlkarten 50 Pf.
und für je weitere 100 Zahlkarten 15 Pf. mehr.

Sendungen mit Überweisungs- und Scheckheften oder mit Unterschriftsblättern werden dem Kontoinhaber unter „Eigenhändig", „Einschreiben" und „Gegen Rückschein" zugestellt, wenn am Schlusse des Antrags der

Vordruck zu b gestrichen worden ist. Sollen diese Sendungen ohne die Bezeichnung „Eigenhändig" übersandt werden, so ist der Vordruck zu a zu streichen.

3. Abgabe des Antrags an die Postanstalt.

Der Antrag ist offen bei der Postanstalt abzugeben, von der der Antragsteller seine Postsachen erhält. Der Antrag kann auch unter Briefumschlag unfrankiert an diese Postanstalt gesandt werden.

4. Erste Einzahlung.

Die erste Einzahlung kann in beliebiger Höhe vom Kontoinhaber oder durch Dritte geleistet werden; sie muß jedoch mindestens die Stammeinlage von 50 *M* ausmachen und die Kosten für ein Scheckheft und für die etwa bestellten Zahlkarten decken. Die Einzahlung erfolgt zweckmäßig mit Zahlkarte, sobald das Postscheckamt mitgeteilt hat, daß und unter welcher Nummer das Postscheckkonto eröffnet worden ist.

Der Hauptteil der Zahlkarte ist nach folgendem Muster auszufüllen.

(Muster siehe folgende Seite)

Absender: *Richard Oberhaus*

Straßburg (Els.)

Mittelst. 3.

Aufgabestempel

Zahlkarte

Zu wiederholen (die Mark in Buchstaben):

auf *75* Mark — Pf.

Fünfundsiebzig Mark — Pf.

zur Gutschrift auf das Konto Nr. **2341**

(Konto genau bezeichnen, s. Punkt 2 der Rückseite)

des Kaufmanns Richard Oberhaus

in Straßburg (Els.), Mittelstr. 3

beim Postscheckamt in **Karlsruhe** (Baden)

Anl. 2 (zu § 1)

Kontoauszug mit ...... **Anl. Konto Nr.** ....*) **Kaiserliches Postscheckamt** (Name).

Auf Ihrem Konto sind am .... 191...... gebucht:

	Betrag M	Pf.	Betrag M	Pf.	Stückzahl	Gegenstand	Zur Benutzung für den Kontoinhaber
1	2		3		4	5	6
Guthaben nach vorigem Auszug					—		
Gutschriften	—	—				Zahlkarten	
	—	—					
	—	—				Überweisungen	
	—	—					
	—	—				Postanweisungen	
	Summe I				—		
Lastschriften			—	—		Auszahlungen	
			—	—			
			—	—		Überweisungen	
			—	—			
			—	—		Gebühren	
Davon ab Summe II					—		
Jetziges Guthaben einschl. der Stammeinlage					—		*) In allen Schreiben an das Postscheckamt ist die Kontonummer anzugeben.

Anl. 3 (zu § 2)

(Vorderseite)

Aufgabestempel

eingezahlt am .... auf

Konto Nr. ....

Postscheckamt ....

.... Mark ...... Pf.

Absender (Name und Wohnort):

Dieser Abschnitt wird vom Postscheckamt dem Kontoinhaber übersandt

Absender: ....

2,9 cm

Aufgabestempel

Zahlkarte

Zu wiederholen (die Mark in Buchstaben)

auf .... **Mark** ...... **Pf.**

.... **Mark** ...... **Pf.**

zur Gutschrift auf das Konto Nr. ....

(Konto genau bezeichnen, s. Punkt 2 der Rückseite)

beim Postscheckamt in ....

Postvermerk

Nr. ....

eingetragen durch:

am ....

Ankunfts-Nr.

S 1

Posteinlieferungschein

(vom Einzahler auszufüllen)

(Die Mark in Buchstaben anzugb.)

.... **Mark** ...... **Pf.**

zur Gutschrift auf das Konto Nr. ....

beim Postscheckamt in ....

Postannahme ....

Postvermerk

Aufgabenummer

Aufgabestempel

10,7 cm

6,4 cm — 11,4 cm — 7,2 cm

Anm. Die Zahlkarte wird auf hellblauem Papier mit dunkelblauem Druck hergestellt. — Beschaffenheit des Papiers: Verwendungsklasse **4a** der preußischen Bestimmungen über das von den Staatsbehörden zu verwendende Papier vom 28. Januar 1904. (Stoffklasse III — holzfrei — 3500 m Reißlänge, 2,75 % Dehnung, 40 Doppelfalzungen), Gewicht: 85 g/qm.

(Rückseite)

1. Auf Zahlkarte können von jedermann an den Inhaber eines Postscheckkontos Beträge in unbeschränkter Höhe bei den Postanstalten eingezahlt werden. Die Zahlkartengebühr hat der Kontoinhaber zu entrichten. Sie beträgt bis 25 ℳ — 5 Pf., über 25 ℳ — 10 Pf.
2. Die Zahlkarte ist in allen drei Teilen dem Vordruck entsprechend auszufüllen. Außer der Kontonummer ist die genaue Adresse des Kontoinhabers (nach Namen, Stand oder Gewerbe und Wohnort) sowie das Postscheckamt anzugeben. Die Kontonummer ist besonders deutlich zu schreiben.

Posteinlieferungschein
(nicht zu Mitteilungen für den Empfänger zu benutzen)

(Vorderseite)

D.P.D.-Bz. Karlsruhe (Baden)

Aufgabestempel

eingezahlt am .... auf

Konto Nr. **30023**

Postscheckamt Berlin NW 7

.... Mark .... Pf.

Absender

Name: ....

....

Wohnort: ....

Straße: .... Nr. ....

Postanstalt: ....

Beiträge f. d. Monat ....

Dieser Abschnitt wird vom Postscheckamt der Reichsversicherungsanstalt übersandt

10,7 cm

Absender: ....

....

....

Zahlkarte

auf .... Mark .... Pf.

zur Gutschrift auf das des Direktoriums der Reichsgestellte *(Bezirk Karlsruhe)* beim Postscheckamt in

Postvermerk

Nr. .... eingetragen

6,4 cm 11,4 cm

Anm. Die Zahlkarte wird auf rosa Papier mit rotbraunem Druck hergestellt. Die

(Vorderseite)

2,9 cm

Aufgabestempel

Zu wiederholen
(die Mark in Buchstaben):

Mark ...... Pf.

Konto Nr. 30023
versicherungsanstalt für An-
in Berlin-Wilmersdorf
Berlin NW 7.

durch:

Ankunfts-
Nr.

am ......

Posteinlieferungschein
(vom Einzahler auszufüllen)

(Die Mark in Buchstaben anzugeben)

Mark ...... Pf.

zur Gutschrift auf das Konto Nr. 30023 des Direktoriums der Reichsversicherungsanstalt für Angestellte in Berlin-Wilmersdorf beim Postscheckamt in Berlin NW 7.

Postannahme ......

Aufgabenummer

Postvermerk

Aufgabestempel

7,2 cm

Beschaffenheit des Papiers ist dieselbe wie bei der Zahlkarte S 1 (Anl. 3).

(Rückseite)

Zur Beachtung bei Einsendung der Beiträge.

1. Vor der erstmaligen Beitragsentrichtung hat der Arbeitgeber eine Nachweisung (Übersicht nach § 181 des Gesetzes) über seine versicherungspflichtigen Angestellten und die fälligen Beiträge an die Reichsversicherungsanstalt portofrei einzusenden.
2. Bei den folgenden Beitragsleistungen müssen die Veränderungen mit ihren genauen Eintrittsdaten angegeben werden, welche die Abweichung gegen die vorherige Beitragsumme klarstellen und die Konten der einzelnen Angestellten beeinflussen. Veränderungsanzeigen sind daher einzusenden, wenn Angestellte
   a) aus dem Dienst ausscheiden (Abgang),
   b) in den Dienst neu eingestellt werden (Zugang),
   c) Gehaltsänderungen erfahren, die einen anderen Beitrag bedingen.
3. Zur Aufstellung der Nachweisungen und Veränderungsanzeigen ist der Vordruck R.f.A. II Nr. 3 zu verwenden.
4. Die Vordrucke zu 1 bis 3 sowie Merkblätter für die Beitragsentrichtung werden von den Ausgabestellen der Angestelltenversicherung kostenlos abgegeben.

a) Zur Beitragsentrichtung für die solche Zahlkarten verwandt am **Wohnorte** des Arbeitanstalt von der Bestellpostanstalt die mit diesen auch in der Be- und Bezirk) genau überein-
b) Die Zahlkarte ist in allen drei auszufüllen und mit dem Beder vorstehend unter a) be-

(Rückseite)

Angestelltenversicherung dürfen nur
werden, die von der Postanstalt
gebers — in Orten ohne Post-
— bezogen worden sind oder
zeichnung des Kontos (Nummer
stimmen.

Teilen dem Vordruck entsprechend
trage einer Postanstalt — möglichst
zeichneten — zu übergeben.

Fällige Beiträge. I. Nach § 176 des Gesetzes

in Gehaltsklasse von über . . . M bis zu . . M	Buchstabe	von je M	Anzahl ganze	Anzahl halbe (§ 390)	im Gesamtbetrage von M	Pf.
— 550	A	1.6				
550— 850	B	3.2				
850—1150	C	4.8				
1150—1500	D	6.8				
1500—2000	E	9.6				
2000—2500	F	13.2				
2500—3000	G	16.6				
3000—4000	H	20.0				
4000—5000	J	26.6				

II. Nach § 177:
a) 8 % des Entgelts von .... M =
b) 4 % (§ 390) des Entgelts von .... M =

Summe.......

Dazu Postgebühr (bis 25 M . . . 5 Pf., über 25 M .... 10 Pf) . . . . =

Gesamtbetrag.......

Die Nachweisung*) über die fälligen Beiträge
Eine Veränderungsanzeige*)
ist abgesandt am............
ist nicht erforderlich, weil Veränderungen nicht eingetreten sind.

} Das Nichtzutreffende ist zu streichen.

*) s. Vermerk auf dem Posteinlieferungschein.

Anl. 5 (zu § 2)

(Vorderseite)

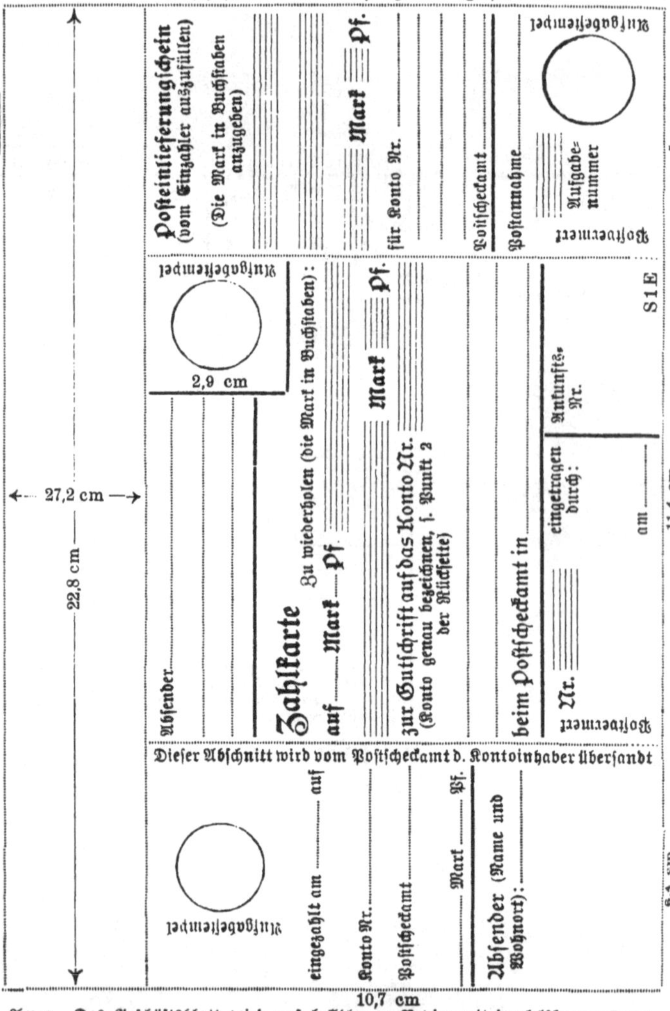

Anm. Das Geschäftsblatt wird auf hellblauem Papier mit dunkelblauem Druck hergestellt. Die Beschaffenheit des Papiers ist dieselbe wie bei der Zahlkarte S 1 (Anl. 3).

(Rückseite)

1. Auf Zahlkarte können von jedermann an den Inhaber eines Postscheckkontos Beträge in unbeschränkter Höhe bei den Postanstalten eingezahlt werden. Die Zahlkartengebühr hat der Kontoinhaber zu entrichten. Sie beträgt bis 25 ℳ .... 5 Pf., über 25 ℳ .... 10 Pf.
2. Die Zahlkarte ist in allen drei Teilen dem Vordruck entsprechend auszufüllen. Außer der Kontonummer ist die genaue Adresse des Kontoinhabers (nach Namen, Stand oder Gewerbe und Wohnort) sowie das Postscheckamt anzugeben. Die **Kontonummer** ist besonders deutlich zu schreiben.

Posteinlieferungschein

(nicht zu Mitteilungen für den Empfänger zu benutzen)

22,8 cm

27,2 cm

Anl. 6 (zu § 2)

Meldung wegen einer unbestellbaren Zahlkarte.

An

Herrn ....

in

....

Wohnung: ....

Kaiserliches Postscheckamt ...., ..., ... 191.....

Abgangsnummer der Meldung	Die Zahlkarte, Aufgabenummer: ....
Eingangsnummer der Meldung	Nummer des Kontos: ....
	Empfänger: ....
	Aufgabe-Postanstalt: ...., Aufgabestempel: ....
	Kassen- oder Buchungszeichen des Absenders: ....
	Eingezahlter Betrag: .... *M* ....Pf.

kann auf dem angegebenen Konto nicht gebucht werden, weil ....

....

Sie werden ersucht, hierunter anzugeben ....

....

....

....

oder zu erklären, ob der Betrag der Zahlkarte an Sie zurückgezahlt werden soll.

Andere Erklärungen werden nicht berücksichtigt. Die Erklärung ist innerhalb 7 Tagen, vom Tage der Zustellung dieses Schreibens ab, **bei der unten bezeichneten Postanstalt** abzugeben. **Gleichzeitig ist die über die Zahlkarte erteilte Einlieferungsbescheinigung vorzulegen. Für diese Unbestellbarkeitsmeldung haben Sie 20 Pf. Porto zu zahlen.**

Erledigungsvermerk der Aufgabe-Postanstalt (Angabe über Vorlegung der Einlieferungsbescheinigung).	**Erklärung des Absenders** (von ihm zu unterschreiben, Firmenstempel ohne Unterschrift genügt **nicht**).
	Raum zum Aufkleben der 20 Pf.-Marke
	Vom Absender zurückzugeben an die Kaiserliche Postanstalt ....

Anl. 7 (zu § 4)

Herrn ....

Hierin die Abschnitte von .... Postanweisungen, deren Gesamtbetrag von .... ℳ .... Pf. auf Ihr Postscheckkonto abgeführt werden wird.

Kaiserl. Postamt ....

3,8 cm — 11,4 cm — **Anl. 8** (zu § 4)

(Vorderseite des zweiten Teils)

Abschnitt

Aufgabestempel

Zahlkarte
für Konto
Nr. ....
PSchA. ....
.... Mark .... Pf.

zum Auftrag
an..................
in..................
vom..................
Kassenzeichen ....
Buchungs-Nr. ....
des Auftraggebers

Zahlkarte

2,9 cm

Nr.
....
des Auftrags

Aufgabestempel

Zu wiederholen
(die Mark in Buchstaben):

auf .... Mark .... Pf.
.... Mark .... Pf.
zur Gutschrift auf das Konto Nr. ....
....
....
beim Postscheckamt in ....

Post-vermerk Nr. .... eingetragen durch: am..................

Ankunfts-Nr.

10,7 cm

(Vorderseite des ersten Teils)

Nr. des Auftrags

Postauftrag

(zur Einziehung von Geldbeträgen innerhalb Deutschlands)

Die Post wird beauftragt, von ....
.... in ....
(Straße und Hausnummer) ....
am .... den Betrag von .... Mark .... Pf.
wörtlich .... Mark .... Pf.
unter Aushändigung von.......... Anlagen einzuziehen.

.................., den .... 191......

Name
des Auftraggebers: ....
Wohnung
(Straße und Hausnummer): ....

10,7 cm

15,2 cm

Anm. Der Postauftrag mit anhängender Zahlkarte wird auf hellgrünem Papier mit rotem Druck hergestellt. Beschaffenheit des Papiers:
Verwendungsklasse 6 — Festigkeitsklasse 5 — der preußischen Bestimmungen über das von den Staatsbehörden zu verwendende Papier vom 28. Januar 1904 (Stoffklasse IV — beliebig, Festigkeitsklasse 5 — 2000 m Reißlänge, 2% Dehnung, 20 Doppelfalzungen —), Gewicht 175 g/qm.

(Rückseite des ersten Teils)

1. Durch Postauftrag können innerhalb Deutschlands Gelder bis 800 ℳ eingezogen werden. Dem Postauftrage sind die quittierten Rechnungen, Wechsel usw. beizufügen; die Zahl der Anlagen ist bei dem Vordruck anzugeben. Die Beifügung mehrerer Wechsel usw. ist gestattet, sofern der Gesamtbetrag von demselben Zahlungspflichtigen gleichzeitig einzuziehen ist und 800 ℳ nicht übersteigt. Briefe dürfen dem Postauftrage nicht beigefügt werden.

   Der Auftraggeber hat die angebogene Zahlkarte auszufüllen. Auf dem Abschnitte kann der Name des Zahlungspflichtigen wegbleiben, wenn ein Kassenzeichen oder eine Buchungsnummer angegeben wird.

2. Soll die Vorzeigung an einem bestimmten Tage erfolgen, so ist dieser Tag im Formular anzugeben. Die Einlieferung des Postauftrags darf dann nicht früher als 7 Tage vorher erfolgen.

3. Will der Auftraggeber, daß der Postauftrag nach einmaliger vergeblicher Vorzeigung oder nach dem ersten vergeblich gebliebenen Versuch der Vorzeigung an ihn zurück- oder an eine dritte Person weitergesandt oder an eine zur Aufnahme von Wechselprotesten befugte Person abgegeben werde, so ist dies auf der Rückseite des Formulars durch die Vermerke „Sofort zurück“, „Sofort an N. in N.“ oder „Sofort zum Protest“ zu bezeichnen. Falls die Protestierung durch die Post gewünscht wird, ist das für Postprotestaufträge vorgeschriebene besondere Formular zu benutzen. Für Postproteste werden erhoben bei Wechseln bis 500 ℳ 1 ℳ, bei höheren Wechseln 1 ℳ 50 Pf.

4. Der Postauftrag ist unter Umschlag an die Postanstalt des Zahlungspflichtigen abzusenden, mit 30 Pf. zu frankieren und mit der Aufschrift „Postauftrag nach..................“ (Name der Postanstalt) zu versehen. Die Vereinigung mehrerer Postaufträge zu einer Sendung ist unzulässig.

5. Der eingezogene Betrag wird durch die angebogene Zahlkarte dem Postscheckkonto des Auftraggebers überwiesen.

6. Die Postverwaltung haftet für eine Postauftragsendung wie für einen eingeschriebenen Brief, für den eingezogenen Betrag wie für einen auf Zahlkarte eingezahlten Betrag.

Postvermerk

....

Nicht angetroffen ....

Frist verlangt ....

Nicht eingelöst ....

Verweigert ....

....

Die Rückseite des zweiten Teils ist unbedruckt.

3,8 cm 11,4 cm **Anl. 9** (zu § 4)

(Vorderseite des zweiten Teils)

Abschnitt

Aufgabestempel

Zahlkarte

für Konto

Nr. ....

PSchA. ....

.... Mark ...... Pf.

zum Auftrag

an ....

in ....

vom ....

Kassenzeichen ....

Buchungs-Nr. ....

des Auftraggebers

Zahlkarte

2,9 cm

Nr. ....

des Auftrags

Aufgabestempel

Zu wiederholen (die Mark in Buchstaben):

auf .... Mark .... Pf. ....

.... Mark .... Pf.

zur Gutschrift auf das Konto Nr. ....

....

....

beim Postscheckamt in ....

Postvermerk

Nr. .... eingetragen durch:

am ....

Ankunfts-Nr.

10,7 cm

(Vorderseite des ersten Teils)

Nr. des Auftrags

Postauftrag

(Postprotest innerhalb Deutschlands)

Anlage: 1 quittierter Wechsel über .... Mark .... Pf.

in Buchstaben .... Mark .... Pf.

zahlbar am ....

Die Post wird beauftragt, von dem ....

.... in ....

(Straße und Hausnummer des Geschäftslokals, in dessen Ermangelung der Wohnung) ....

den Betrag des beigefügten Wechsels unter Aushändigung dieses Wechsels einzuziehen. Ist Zahlung nicht zu erlangen, so ist gegen den Genannten Protest mangels Zahlung zu erheben.

.........., den .... 191....

Name des Auftraggebers: ....

Wohnung: (Straße und Hausnummer) ....

10,7 cm

15,2 cm

Anm. Der Postauftrag mit anhängender Zahlkarte wird auf blauem Papier mit rotem Druck hergestellt. Die Beschaffenheit des Papiers ist dieselbe wie bei der Zahlkarte (Anl. 8).

(Rückseite des ersten Teils)

1. Diesem Formular dürfen **nicht** beigefügt werden: Wechsel über mehr als 800 ℳ, Wechsel in fremder Sprache sowie Wechsel, die an mehreren Stellen vorzulegen sind (Wechsel mit Notadresse, Ehrenannahme).
2. Außer dem Wechsel dürfen sonstige Anlagen nicht beigefügt werden, auch nicht mehrere Wechsel oder mehrere Exemplare desselben Wechsels.
3. Im Formular ist der Zahlungstag des Wechsels anzugeben, bei Wechseln auf Sicht (bei Sicht) der Tag, an dem die Vorzeigung erfolgen soll. Ist ein auf Sicht lautender Wechsel bereits vorgezeigt worden, so ist dies vom Auftraggeber hierunter (also auf der Rückseite des Postauftragsformulars) durch den Vermerk „Der Wechsel ist vorgezeigt am..................“ anzugeben.

   Der Auftraggeber hat die angebogene Zahlkarte auszufüllen. Auf dem Abschnitte kann der Name des Zahlungspflichtigen wegbleiben, wenn ein Kassenzeichen oder eine Buchungsnummer angegeben wird.
4. Der Postauftrag ist als Brief mit der Aufschrift „Postauftrag nach...............“ (Name der Postanstalt) **stets** an die Postanstalt zu senden, zu deren Bezirke der im Wechsel angegebene Zahlungsort gehört. Die Gebühr beträgt 30 Pf. Die Vereinigung mehrerer Postaufträge zu einer Sendung ist unzulässig.
5. Der Postauftrag darf nicht früher als 7 Tage vor dem Zahlungstage des Wechsels eingeliefert werden. Postaufträge, die erst **am letzten Tage der Protestfrist** bei der Bestimmungs-Postanstalt eingehen, können von ihr, ohne daß die Einziehung der Wechselsumme versucht wird, an einen Gerichtsvollzieher, Notar usw. abgegeben werden.
6. Will der Auftraggeber, daß der Postauftrag ohne Innehaltung einer Protestfrist nach einmaliger vergeblicher Vorzeigung oder nach dem ersten vergeblichen Versuche der Vorzeigung protestiert werde, so ist dies hierunter (also auf der Rückseite des Formulars) durch den Vermerk „Ohne Protestfrist“ zu bezeichnen.
7. Der eingezogene Betrag wird durch die angebogene Zahlkarte dem Postscheckkonto des Auftraggebers überwiesen.
8. Wird die Wechselsumme nicht gezahlt, so wird gegen die im Formular bezeichnete Person von der Post Protest mangels Zahlung **nach Vorschrift der Wechselordnung** erhoben. Der protestierte Wechsel mit Protesturkunde wird dem Auftraggeber unter „Einschreiben“ übersandt.
9. Das Formular ist auch bei Postaufträgen zur Protestierung von Schecks zu benutzen. Der Vordruck ist in diesem Falle handschriftlich entsprechend zu ändern.
10. Die Postgebühren betragen für die Rücksendung des protestierten Wechsels mit Protesturkunde 30 Pf. (im Orts- und Nachbarortsverkehr 25 Pf.); für Postproteste werden erhoben bei Wechseln bis 500 ℳ 1 ℳ, bei höheren Wechseln 1 ℳ 50 Pf.

Die Rückseite des zweiten Teils ist unbedruckt.

1,3 cm 11,4 cm **Anl. 10** (zu § 4)

(Vorderseite des zweiten Teils)

Abschnitt

Aufgabestempel

Zahlkarte

für Konto

Nr. ....

PSchA. ....

............Mark.... ......Pf.

zum Nachnahmepaket

an ....

in ....

vom ....

Kassenzeichen ....

Buchungs-Nr. ....

des Absenders

Zahlkarte

2,9 cm

Nr. ....

der Nachnahme

Aufgabestempel

Zu wiederholen (die Mark in Buchstaben):

auf .... Mark .... Pf. ....

.... Mark .... Pf.

zur Gutschrift auf das Konto Nr. ....

....

....

beim Postscheckamt in ....

Post-vermerk Nr. .... eingetragen durch:

am ....

Ankunfts-Nr.

10,7 cm

(Vorderseite des ersten Teils)

Abschnitt

Aufgabestempel

Name, Wohnort und Wohnung (Straße und Hausnummer) des Absenders

....

....

....

....

Nachnahme ......ℳ ......Pf.

Mitteilungen umseitig

Paketkarte

Nr. ....

Nachnahme

Anbei 1 ....

Zum Aufkleben der Freimarken

Nachnahme von .... Mark .... Pf.

Zu wiederholen (die Mark in Buchstaben):

.... Mark .... Pf.

PSchA. in .... Konto Nr. ....

An ....

....

in ....

Postgewicht

.... kg

Wohnung (Straße und Hausnummer) ....

10,7 cm

15,7 cm

Anm.: Die Nachnahme-Paketkarte mit anhängender Zahlkarte wird auf hellrotbraunem Papier mit rotbraunem Druck hergestellt. Die Beschaffenheit des Papiers ist dieselbe wie bei der Zahlkarte (Anl. 8). Auf der Paketkarte werden das Dreieck sowie die Unterstreichungen des Betrags in Rotdruck hergestellt.

(Rückseite des ersten Teils)

Mitteilungen

Lagernummer ....

Postvermerk

....

Nicht angetroffen ....

Frist verlangt ....

Nicht eingelöst ....

Verweigert ....

....

Quittung des Empfängers
(bei Wertsendungen)

Umstehend bezeichnete Sendung erhalten

(Name) ....

Zur Beachtung.

Zu jedem Nachnahmepaket ist eine besondere Paketkarte auszufertigen. Die angebogene Zahlkarte ist vom Absender auszufüllen. Gibt er hierbei auf dem Abschnitt ein Kassenzeichen oder eine Buchungsnummer an, so braucht der darüber befindliche Vordruck („an ...“ „in ..“) für den Namen des Empfängers nicht ausgefüllt zu werden.

In den Paketkarten ist hinter „Anbei 1“ die Art der Sendung (ob Paket in Papier oder Leinen, Kiste usw.) zu bezeichnen und bei Wertangabe der Betrag mit dem Zusatze „Wert“ zu vermerken.

Soll die Sendung frankiert werden, so ist das Wort „frei“ auf den Abschnitt unterhalb der Angabe des Absenders niederzuschreiben. Zum Aufkleben der Freimarken dient der dafür bezeichnete Raum auf der Vorderseite der Paketkarte.

Der Abschnitt der Paketkarte kann zu schriftlichen oder gedruckten Mitteilungen verwandt und vom Empfänger zurückbehalten werden.

Die zu den Paketkarten gehörenden Sendungen selbst sind mit einer Aufschrift zu versehen, die die vollständige Adresse des Empfängers und die sonstigen wesentlichen Angaben der Paketkarte (Frankierungs- und Portofreiheitsvermerk, Verlangen der Eilbestellung usw., Wertbetrag und bei Nachnahme den Betrag und die Adresse des Absenders) enthält. Auch empfiehlt es sich, in der Paketaufschrift an entsprechender Stelle zu wiederholen, welchem Konto (Nr., Postscheckamt) der Nachnahmebetrag durch Zahlkarte überwiesen werden soll. Die Bestimmungs-Postanstalt ist möglichst groß und deutlich anzugeben. Paketkarten sind zum Aufkleben auf die Sendungen nicht zu verwenden.

Die Rückseite des zweiten Teils ist unbedruckt.

Anl. 11 (zu § 4)

4,3 cm — 11,4 cm

(Vorderseite des zweiten Teils)

Abschnitt

Aufgabestempel

Zahlkarte
für Konto
Nr. ....
PSchA. ....
..................Mark ....Pf.
zur Nachnahmekarte
an ....
in ....
vom ....
Kassenzeichen ....
Buchungs-Nr. ....
des Absenders

Zahlkarte

2,9 cm

Nr. ....
der Nachnahme

Aufgabestempel

Zu wiederholen (die Mark in Buchstaben):
auf ....Mark ....Pf. ....
.... Mark .... Pf.
zur Gutschrift auf das Konto Nr. ....
....
beim Postscheckamt in ....

Post-vermerk — Nr. .... eingetragen durch: .... am ....

Ankunfts-Nr.

10,7 cm

(Vorderseite des ersten Teils)

Name, Wohnort und Wohnung (Straße und Hausnummer) des Absenders
....
....
....

Postvermerk
....
Nicht angetroffen ....
Frist verlangt ....
Nicht eingelöst ....
Verweigert ....
....

Nr. ....
Nachnahme

Nachnahme

Zum Aufkleben der Freimarken (Postkarte 15 Pf., Drucksache 13 Pf.)

von ....Mark ....Pf.
Zu wiederholen (die Mark in Buchstaben):
.... Mark .... Pf.
An ....
....
....
in ....
Wohnung (Straße und Hausnummer) ....

10,7 cm

15,7 cm

Anm. Die Nachnahmekarte mit anhängender Zahlkarte wird auf hellrotbraunem Papier mit rotbraunem Druck hergestellt. Die Beschaffenheit des Papiers ist dieselbe wie bei der Zahlkarte (Anl. 8).

Auf der Nachnahmekarte (erster Teil) werden das Dreieck sowie die Unterstreichungen des Wortes „Nachnahme" und des Betrags in Rotdruck hergestellt.

Die Rückseiten der Nachnahmekarte und der Zahlkarte sind unbedruckt.

Anl. 12 (zu § 4)

(Vorderseite)

Abschnitt

Aufgabestempel

Zahlkarte

für Konto
Nr. ....

....

PSchA. ....

.... Mark ...... Pf.

Zur Nachnahme

an ....

in ....

vom ....

Kassenzeichen ....

Buchungs-Nr. ....
des Absenders

6,4 cm

Zahlkarte

Nr. | der Nachnahme

2,9 cm

Aufgabestempel

Zu wiederholen (die Mark in Buchstaben):

auf .... **Mark** ...... **Pf.**

.... **Mark** ...... **Pf.**

zur Gutschrift auf das Konto Nr. ....

....

....

beim Postscheckamt in ....

Postvermerk

Nr. ....

eingetragen durch:

am ....

Ankunfts-Nr.

11,4 cm

Klebeleiste

2,2 cm

10,7 cm

Anm. Die Nachnahme-Zahlkarte wird auf hellblauem Papier mit dunkelblauem Druck hergestellt. Die Beschaffenheit des Papiers ist dieselbe wie bei der Zahlkarte S 1 (Anl. 3). Die Rückseite bleibt unbedruckt.

Anl. 13 (zu § 6)

Unterschriftsblatt.

Konto-Nr.: ....

Kontoinhaber: ....

....

in ....

(Ort) ...., den .... 191......

Dem Kaiserlichen Postscheckamt teile..... ich/wir mit, daß bei der Vollziehung von Überweisungen und Schecks für das oben angegebene Konto

Herr, Frau, Fräulein [Vor- (Ruf-) und Zuname]	zeichnen wird:
1.	
2.	
3.	
4.	....
5.	....
6.	....

Besonderes.

(Wegen der Berechtigung zur Bestellung der Scheckhefte usw. siehe Punkt V und VI der Rückseite)

....

....

....

....

Unterschrift des Kontoinhabers:
(Firmazeichnung laut handelsgerichtlicher Eintragung)

....

Rückseite beachten!

Bemerkungen.

I. Beide dem Kontoinhaber übersandte Unterschriftsblätter sind gleichlautend auszufüllen und umgehend an das Postscheckamt zurückzusenden, da erst nach ihrem Wiedereingang Überweisungen und Schecks erledigt werden können.

II. Der Kontoinhaber hat unter Nr. 1 seinen Namen einzutragen und daneben seine Unterschrift abzugeben. Die anderen Personen (unter Nr. 2ff.), die zur Ausstellung von Überweisungen und Schecks usw. berechtigt sein sollen, sind mit ihrem Vor- (Ruf-) und Zunamen aufzuführen. Daneben haben diese Personen ihre Unterschriften eigenhändig abzugeben, und zwar in der Form, wie sie die Schecks usw. unterzeichnen werden. Dies muß mit ihrem eigenen Namen geschehen; ob dabei diesem Namen noch der Name oder die Firma des Kontoinhabers voranzusetzen ist, bleibt dem Ermessen des Kontoinhabers überlassen.

III. Die Verwendung von Faksimilestempeln für die Unterschrift ist nicht zulässig.

IV. Bei Handelsfirmen usw. kann die bloße Bezeichnung der Firma mit Stempel aufgedruckt werden. Die Unterschrift dagegen ist handschriftlich auszuführen, z. B.

Stempelabdruck { **Vereinigte Berlin-Charlottenburger Hutfabriken C. W. Krüger u. Co.**

Handschriftliche Angabe: *Aug. Müller.*

V. **Nach § 6, III der Postscheckordnung sind die vom Kontoinhaber zur Unterzeichnung von Ueberweisungen und Schecks ermächtigten Personen auch zur Bestellung von Ueberweisungs- und Scheckheften berechtigt, wenn der Kontoinhaber nicht ausdrücklich im Unterschriftsblatte — durch eine Erklärung unter „Besonderes" — diese Personen oder einzelne von ihnen davon ausgenommen hat.**

VI. Unter „Besonderes" auf der Vorderseite sind auch sonstige besondere Verfügungen über das Konto niederzuschreiben, z. B.
a) **über Gesamtzeichnung*),**
b) **über das Recht einer bestimmten Person, beim Ableben des Kontoinhabers das Guthaben abzuheben.**

Inwieweit Vollmachten zu b stempelpflichtig sind, richtet sich nach den Landesgesetzen.

VII. Die Angaben sind am Schlusse des Blattes vom Kontoinhaber zu unterschreiben; eine Beglaubigung der Unterschrift ist nicht erforderlich.

VIII. Die dem Postscheckamt mitgeteilten Unterschriften gelten so lange, bis der Kontoinhaber diesem Amte das Erlöschen der Vertretungsbefugnis schriftlich mitgeteilt hat. Stirbt der Kontoinhaber, so verlieren die Unterschriften ihre Gültigkeit, sobald der Tod des Kontoinhabers dem Postscheckamt bekannt wird. Will der Kontoinhaber die Weiterführung des Kontos nach seinem Tode sicherstellen, so muß er eine Vollmacht beim Postscheckamt niederlegen. Vordrucke zu Vollmachten erhält er auf Verlangen vom Postscheckamt.

---

*) Jede Person, deren Unterschrift auf der vorderen Seite abgegeben ist, ist **allein** zur Zeichnung der Überweisungen und Schecks berechtigt, wenn im Unterschriftsblatte nichts anderes bestimmt ist.

Anl. 14 (zu § 6)

Lastschriftzettel.

Konto-Nr.: ....

Von Ihrem Konto wurden heute abgebucht für:

Scheck Nr.	Überweisung Nr.	Betrag M	Betrag Pf.	Bemerkungen
	Summe			

Anl. 15 (zu § 6)

Dieser Raum ist **bei Einsendung** des Schecks oder der Überweisung auszufüllen

Lastschriftzettel.

Konto-Nr.: ....

Kontoinhaber: ....

....

Scheck, Überweisung Heft .... Nr.: ....

Betrag .... ℳ .... Pf.

Mark Pf.

Dieser Betrag ist heute vom obigen Konto abgebucht worden zur Zahlung

an ....

....

in ....

Kaiserliches Postscheckamt.

Aufgabestempel

Anl. 16 (zu § 7)

(Vorderseite)

.... *M* ...... Pf.

zur Gutschrift auf Konto

Nr.

beim Postscheckamt

in ....

Stempel des PSchA.

überwiesen

von ....

in ....

Konto Nr. ....

Datum ..../..........

Heft:

№ 00 Konto-Nr. ________ *M* ________ Pf.

Kontoinh.:

Das Kaiserl. Postscheckamt in Berlin überweise aus meinem / unserem Guthaben

________ Mark ________ Pf.

auf das Konto Nr. .... de ....

....

beim Postscheckamt in ....

(Ort) ...., den .... 191.....

Unterschrift:

Stempel des PSchA.

000001

(Rückseite)

Vermerke des PSchA.

Scheckstelle

Lastschrift

Bln Nr. .... / ....

(Buchungsvermerk der Kontostelle)

Gutschrift

(Buchungsvermerk der Kontostelle)

Dieser Abschnitt wird vom Postscheckamt dem Gutschriftempfänger übersandt

Mitteilungen

Anl. 17 (zu § 7).

Anlage zur Sammelüberweisung*).

Konto-Nr. ...., Kontoinhaber ....

Heft Nr. ...., Blatt Nr. .... der Überweisung.

Lfde. Nr.	Adresse des Empfängers	Postscheckamt, bei dem das Konto geführt wird	Konto-Nr.	Betrag ℳ	Betrag Pf.	Vermerke des Postscheckamts

*) In Sammelüberweisungen für das Inland dürfen Aufträge nach dem Auslande nicht aufgenommen werden.

Anl. 18 (zu § 7)

.... M .... Pf.*)

zur Gutschrift auf Konto

Nr. ....

....

beim Postscheckamt

in ....

Stempel des PSchA.

überwiesen

von ....

in ....

Konto Nr. ....

Datum ..../.......................

*) Betrag wie in der Anlage zur Sammelüberweisung

Anm. Der Gutschriftzettel wird auf rosa Papier mit schwarzem Druck hergestellt.

(Vorderseite) **Anl. 19** (zu § 7)

O.P.D.-Bz. Karlsruhe (Baden)

………… M ………… Pf.

zur Gutschrift auf Konto

Nr. 30023

Postscheckamt Berlin NW 7

Stempel des P.Sch.A.

überwiesen von

Absender

Name: ……………………

Wohnort:

Straße: …………………… Nr. ……

Postanstalt:

Konto Nr.: ……………………

Beiträge f. d. Monat ……………………

Anm.: Der Gutschriftzettel wird auf rosa Papier mit schwarzem Druck hergestellt.

(Rückseite)

Fällige Beiträge. I. Nach § 176 des Gesetzes

in Gehaltsklasse		von je	Anzahl		im Gesamtbetrage von	
von über . . . ℳ bis zu . . ℳ	Buchstabe	ℳ	ganze	halbe (§ 390)	ℳ	Pf.
- 550	A	1.6				
550—850	B	3.2				
850—1150	C	4.8				
1150 - 1500	D	6.8				
1500—2000	E	9.6				
2000—2500	F	13.2				
2500 - 3000	G	16.6				
3000—4000	H	20.0				
4000—5000	J	26.6				

II. Nach § 177:

a) 8% des Entgelts von .... ℳ =

b) 4% (§ 390) des Entgelts von .... ℳ =

Summe

Die Nachweisung über die fälligen Beiträge
Eine Veränderungsanzeige
ist abgesandt am ....
ist nicht erforderlich, weil Veränderungen nicht eingetreten sind.

Das Nichtzutreffende ist zu streichen.

Stamm,
der im Scheckhefte bleibt.

(Vorderseite)

Anl. 20 (zu § 9)

№ 00

.... ℳ ...... Pf.

am ....

an ....

....

....

.... ℳ ...... Pf.

lt. Scheck vom ....

von ....

....

....

Dieser Abschnitt wird dem Zahlungsempfänger ausgehändigt

Heft: Konto-Nr.

№ 00

Kontoinh.:

ℳ Pf.

20 000
19 000
18 000
17 000
16 000
15 000
14 000
13 000
12 000
11 000
10 000
9 000
8 000
7 000
6 000
5 000
4 000
3 000
2 000
1 000
500
300

Das Kaiserl. Postscheckamt in Berlin

zahle gegen diesen Scheck aus meinem/unserem Guthaben den Betrag

von

Mark Pf.

(Ort).........., den .... 191..... Unterschrift:

Soll der Betrag bei der Kasse des Postscheckamts unmittelbar abgehoben werden, so ist der Zahlungsempfänger auf der Rückseite nicht anzugeben.

Vermerk des Postscheckamts:

000001

Stamm,
der im Scheckhefte bleibt.

(Rückseite)

Mitteilungen

Adresse für die Postbeförderung.

Umstehender Betrag ist zu zahlen

an

Zahlungsanweisung

Nr.

in

Straße und Hausnummer

Vermerk des PSchA. Berlin

Für das PSchA.

Ankunfts-Nr.

Ankunftstempel

Quittung des Empfängers

Umstehenden Betrag erhalten

Aushändigungsvermerk

Anl. 21 (zu § 9)

Anlage zum Sammelscheck*).

Konto-Nr. ...., Kontoinhaber ....,

Heft Nr. ...., Blatt Nr. .... des Schecks.

Lfde Nr.	Des Empfängers Name oder Firma	Des Empfängers Wohnort und Wohnung	Betrag ℳ	Betrag Pf.	Vermerke des Postscheckamts

*) In Sammelschecks für das Inland dürfen Aufträge zu Barzahlungen nach dem Auslande nicht aufgenommen werden.

(Vorderseite) **Anl. 22** (zu § 9).

Postscheckamt

(Name)..................

Angewiesen aus dem Konto

PSchA. (Name)..................

Zahlungsanweisung Nr.

auf Mark Pf.

Für das Postscheckamt

Ankunfts-Nr.

Ankunftstempel

(Rückseite)

Quittung des Empfängers

Umstehenden Betrag erhalten

(Name)

Anl. 23 (zu § 10)

Gebührenzettel.

Konto-Nr.:

Von Ihrem Konto wurden heute an Buchungsgebühren abgebucht für die Zeit

vom .... bis ....:

1. Für Einzahlungen

.... Zahlkarten bis 25 *M* zu 5 Pf. .... *M* ...... Pf.

.... Zahlkarten über 25 *M* zu 10 Pf. .... " "

2. Für Auszahlungen:

a) Grundgebühren

.... Buchungen zu 5 Pf. .... " ...... "

b) Steigerungsgebühren ($^1/_{10}$ ‰ von .... *M* ...... Pf.) .... " ...... "

3. Für Überweisungen

.... Buchungen zu 3 Pf. .... " ...... "

4. .... " ...... "

Summe .... *M* ...... Pf.

Bei umseitiger Gebührenberechnung sind berücksichtigt:

vom ....

....

....

....

....

....

....

....

....

....

....

vom ....

....

....

....

....

....

....

....

....

....

....

Anl. 24 (zu § 10)

Gebührenzettel.

Konto-Nr.:

Von Ihrem Konto wurden heute abgebucht:

a) für .... Zahlkarten .... ℳ .... Pf.

b) „ .... Scheckhefte „ „

c) „ .... Postanweisungen

und Telegramme .... „ „

d) „

.... „ .... „

Summe .... ℳ .... Pf.

Anl. 25 (zu § 11)

Anm. Der Briefumschlag wird in hellgelber Farbe mit schwarzem Druck hergestellt.

Anhang.

Postordnung

vom 20. März 1900

(Zentralblatt für das Deutsche Reich Nr. 12 S. 53) mit den nach deren Erlaß getroffenen Änderungen.

(Auszug)

Telegraphische Postanweisungen.

§ 21. I Die Überweisung auf Postanweisungen eingezahlter Beträge kann auf Verlangen des Absenders durch Vermittelung des Telegraphen erfolgen.

II Falls ein solches Verlangen ausgesprochen wird, liegt die Ausfertigung des Telegramms, mittels dessen die Überweisung erfolgt, der Aufgabe-Postanstalt ob. Wünscht der Absender durch dieses Telegramm weitere, auf die Verfügung über das Geld bezügliche Mitteilungen zu machen, so muß er diese der Postanstalt schriftlich übergeben, welche sie in das Telegramm mit aufnimmt.

III Bei telegraphischen Postanweisungen, die an Orten ohne Telegraphenanstalt zur Post gegeben werden, wird das Telegramm von der Aufgabe-Postanstalt mit der nächsten Post der am schnellsten zu erreichenden, dem allgemeinen Verkehr dienenden Telegraphenanstalt als Einschreibsendung zugeführt.

IV Ist eine telegraphische Postanweisung nach einem mit einer Telegraphenanstalt nicht versehenen Postorte gerichtet, so erfolgt die Weiterbeförderung des Telegramms von der letzten Telegraphenanstalt bis zur Bestimmungs-Postanstalt ebenfalls mit der nächsten Post als Einschreibsendung.

V Der Absender hat zu entrichten:

1. die Postanweisungsgebühr;
2. die Telegrammgebühr.

Außerdem kommt zutreffendenfalls zur Erhebung:

a) das Porto und die Einschreibgebühr für die Beförderung des Telegramms zur nächsten Telegraphenanstalt (III);
b) das Porto und die Einschreibgebühr für die Beförderung des Telegramms von der letzten Telegraphenanstalt bis zur Bestimmungs-Postanstalt (IV);
c) das Eilbestellgeld für die Bestellung an den Empfänger (VI).

Die Gebühren unter a sind stets vom Absender vorauszubezahlen; dagegen bleibt es in sein Belieben gestellt, ob er die Gebühren unter b und c ebenfalls vorausbezahlen oder deren Entrichtung dem Empfänger überlassen will.

VI Die Bestimmungs-Postanstalt hat das Telegramm, sofern die Anweisung nicht mit dem Vermerke „Postlagernd" versehen ist, nach den Vorschriften für das Abtragen von Eilsendungen (§ 22, II) bestellen zu lassen. Die Auszahlung des angewiesenen Betrags erfolgt gegen Rückgabe des mit der Quittung des Empfängers versehenen Telegramms.

VII Die Nachsendung telegraphischer Postanweisungen erfolgt in der Regel auf dem Postweg, auf telegraphischem

Wege nur dann, wenn dies vom Aufgeber ausdrücklich vorgeschrieben oder vom Empfänger beantragt ist. Auf ausdrückliches Verlangen des Aufgebers oder Empfängers werden auch gewöhnliche Postanweisungen telegraphisch nachgesandt.

VIII Die Telegraphenanstalten sind ermächtigt, in Vertretung der Postanstalt Beträge auf Postanweisungen, die auf telegraphischem Wege übermittelt werden sollen, von den Absendern anzunehmen oder telegraphisch überwiesene Beträge am Bestimmungsort auszuzahlen.

Zu § 21.

Zu II Die auf die Verfügung über das Geld bezüglichen Mitteilungen sind bei Zahlkarten auf dem Abschnitte der Zahlkarte (PSchO. § 3, III), bei Überweisungen auf dem Abschnitte der Überweisung (PSchO. § 8, IV), bei Schecks auf dem Abschnitte des Schecks (PSchO. § 9, III und XII) zu machen.

Zu V An die Stelle der Postanweisungsgebühr tritt

bei telegraphischen Zahlkarten die Zahlkartengebühr (PSchO. § 3, IV Ziff. 1 und PSchG. § 5 Ziff. 1),

bei telegraphischen Überweisungen die Überweisungsgebühr (PSchO. § 8, V Ziff. 1 und PSchG. § 5 Ziff. 3),

bei telegraphischen Zahlungsanweisungen die Auszahlungsgebühr (PSchO. § 9, XII und PSchG. § 5 Ziff. 2).

Ist bei telegraphischen Zahlungsanweisungen (PSchO. § 9, XII) das Eilbestellgeld (V Ziff. 2 unter c und VI) nicht vorausbezahlt worden, so erfolgt die Eilbestellung telegraphischer Zahlungsanweisungen im Ortsbestellbezirke gegen eine Gebühr von 25 Pf., während für die Eilbestellung im Landbestellbezirke die wirklich entstehenden Botenkosten vom Empfänger eingezogen werden. Wird im Ortsbestellbezirke der Geldbetrag nicht mit abgetragen, so wird keine Bestellgebühr erhoben.

Zu VII Gewöhnliche Zahlungsanweisungen bis 800 M können auf Verlangen des Ausstellers des Schecks oder des Empfängers telegraphisch nachgesandt werden. Die Zahlungsanweisung wird dabei als Postanweisung telegraphisch nachgesandt. Vom Betrage werden die für die Übermittelung nach dem neuen Bestimmungsorte zu erhebenden Gebühren (Telegrammgebühr, Eilbestellgeld usw.), nicht aber die Postanweisungsgebühr, abgezogen (PSchO. § 9 zu XII).

Zu VIII Für den Postscheckverkehr kommt die Annahme von telegraphischen Zahlkarten (PSchO. § 3) und die Auszahlung von telegraphischen Zahlungsanweisungen (PSchO. § 9, XII) in Betracht.

Postkreditbriefe.

§ 21 a. I Postkreditbriefe können auf alle durch 50 teilbare Summen bis 3000 ℳ ausgestellt werden. Ihre Gültigkeitsdauer beträgt 4 Monate, vom Tage der Ausstellung an gerechnet.

II Postkreditbriefe werden von den Postscheckämtern ausgefertigt. Bestellungen darauf nimmt jede Postanstalt entgegen. Der Besteller zahlt den Betrag, auf den der Postkreditbrief lauten soll, zur Gutschrift auf ein anzulegendes Kreditbrief-Konto mit Zahlkarte an das für den Einzahlungsort zuständige Postscheckamt und bezeichnet in der Zahlkarte die Person, für die der Postkreditbrief ausgestellt werden soll, genau nach Namen, Wohnort und Wohnung. Soll der Postkreditbrief an eine andere als die in der Zahlkarte angegebene Adresse gesandt werden, so ist dies auf dem Abschnitte zu beantragen. Hat der Besteller ein Postscheckkonto, so kann er davon den Betrag des Postkreditbriefs auf das bei demselben Postscheckamt anzulegende Kreditbrief-

Konto überweisen. Der Postkreditbrief wird der als Inhaber bezeichneten Person unverzögert portofrei übersandt.

III Der Inhaber kann gegen Vorlegung des Postkreditbriefs und Nachweis seiner Empfangsberechtigung bei jeder Postanstalt während der Schalterdienststunden Beträge seines Guthabens abheben. Dieser Anspruch ist nicht übertragbar. Die Teilbeträge müssen durch 50 teilbar sein, der Höchstbetrag einer Abhebung ist 1000 *M*. Mehr als 1000 *M* dürfen an einem Tage nicht abgehoben werden. Die Rückzahlung erfolgt gegen Empfangsbescheinigung auf einem der im Postkreditbrief enthaltenen zehn Vordrucke, der von dem Auszahlungsbeamten bei der Zahlungsleistung aus dem Hefte losgetrennt wird. Die handschriftliche Ausfüllung der Vordrucke darf nur mit Tinte geschehen. Bei der letzten Abhebung bleibt der Postkreditbrief mit den nicht benutzten Vordrucken im Gewahrsam der Postverwaltung.

Die Berechtigung zum Empfang von Rückzahlungen hat der Abheber durch eine auf ihn lautende Postausweiskarte (§ 41, I) nachzuweisen.

IV Stehen der Auszahlungs-Postanstalt die erforderlichen Geldmittel augenblicklich nicht zur Verfügung, so kann die Auszahlung erst verlangt werden, nachdem die Mittel beschafft sind.

V Die Postverwaltung haftet für die auf Kreditbrief-Konto gutgeschriebenen Beträge in gleicher Weise wie für Postanweisungen.

Alle Nachteile, die aus dem Verlust oder der mißbräuchlichen Benutzung des Postkreditbriefs entstehen trägt der Inhaber.

VI Es werden erhoben:

1. für die mit Zahlkarte zu leistende Bareinzahlung oder für die Überweisung von einem Postscheckkonto die tarifmäßige Gebühr (§ 5 des Postscheckgesetzes);
2. für die Ausfertigung des Postkreditbriefs 50 Pf.;
3. für jede Rückzahlung
   a) eine feste Gebühr von . . . . 5 Pf.,
   b) eine Steigerungsgebühr von . . . . 5 „
   für je 100 ℳ oder Teile davon.

Die Gebühren unter 1 und 2 werden bei der Bestellung des Postkreditbriefs mit Zahlkarte vom Antragsteller bar erhoben, bei der Bestellung mit Überweisung vom Postscheckkonto des Antragstellers abgebucht. Die Rückzahlungsgebühren (3) werden bei jeder Abhebung eingezogen.

VII Wenn nach Ablauf der viermonatigen Gültigkeitsdauer des Postkreditbriefs noch ein Restguthaben verbleibt, so wird dieser Betrag auf Antrag, dem der Postkreditbrief mit den übriggebliebenen Quittungsvordrucken beizufügen ist, von dem Postscheckamt, das ihn ausgefertigt hat, an den Inhaber zurückgezahlt. Die Rückzahlung erfolgt mit Zahlungsanweisung oder durch Gutschrift auf das Postscheckkonto des Kreditbriefinhabers. Die Gebühr für die Geldübermittelung oder Überweisung ist von dem Restguthaben abzuziehen.

Zu § 21a.

Zu II Der Besteller hat die Zahlkarte oder die Überweisung zur Gutschrift auf das Konto Nr. „Kreditbrief . . . . . (Vor- und Zuname, Stand, Wohnort und Wohnung der Person, für die der Postkreditbrief ausgefertigt werden soll)“ auszustellen;

Muster für die Bestellung eines Postkreditbriefs mit Zahlkarte.

Aufgabestempel

eingezahlt am 1. 7. auf

Konto Nr. Kreditbrief

Postscheckamt Berlin NW 7.

3000 Mark — Pf.

Absender (Name und Wohnort):

C. R. Schneider & Co.
Berlin W 35,
Potsdamer Str. 40.

Adresse für die Zusendung des Postkreditbriefs:

Frankfurt (Main),
Hotel Badischer Hof.

Dieser Abschnitt wird vom Postscheckamt dem Kontoinhaber übersandt.

Absender: C. R. Schneider & Co.
Berlin W 35,
Potsdamer Str. 40.

Aufgabestempel

Zahlkarte

auf 3000 Mark — Pf.

Zu wiederh. (die Mark in Buchst.) Dreitausend Mark — Pf.

zur Gutschrift auf das Konto Nr. Kreditbrief

(Konto genau bezeichnen, s. Punkt 2 der Rückseite)

Reisender Alexander Meyer

in Berlin-Schöneberg, Berliner Str. 25 I

beim Postscheckamt in Berlin NW 7.

Postvermerk

Nr.

eingetragen durch:

am

Ankunfts-Nr.

Posteinlieferungschein
(vom Einzahler auszufüllen)

(Die Mark in Buchstaben anzugb.)

Dreitausend Mark — Pf.

zur Gutschrift auf das Konto Nr. Kreditbrief

Reis. Alexander Meyer
in Berlin-Schöneberg
Berliner Str. 25 I.

beim Postscheckamt in Berlin NW 7.

Postannahme

Postvermerk

Aufgabe-nummer

Aufgabestempel

Anl. B.

Umschlag des Postkreditbriefs.

3000	**Postscheckamt Berlin**
2800	
2600	**Postkreditbrief Nr.**
2400	über die **Gesamtsumme** von .... *M*
2200	
2000	(in Buchstaben)
1800	.... **Mark**
1600	
1400	
1200	**gültig** bis einschl. 191
1000	
900	Inhaber (Vor- und Zuname, Stand, Wohnort und Wohnung): *)
800	....
700	....
600	....
500	
400	
300	Ausgefertigt durch ....

*) Raum für den Abdruck des Hochdruckstempels.

Anl. C.

Quittungsvordruck des Postkreditbriefs.

№ 01 *)

Kreditbrief-Konto Nr.

beim Kaiserlichen Postscheckamt in **Berlin.**

.... M
(in Buchstaben)

Mark

Rückzahlung aus meinem Kreditbrief-Guthaben habe ich aus der Postkasse erhalten.

(Ort) ...., den .... 191....

Unterschrift: ....

Ausgezahlt am / Ankunfts-Nr. Ausgewiesen durch

in Postausweiskarte Nr.

aus ....

durch

vom ....

*) Laufende Nummern 1 bis 10.

auf dem Abschnitte der Zahlkarte hat er seinen Namen und Wohnort anzugeben (Anl. A).

Der Postkreditbrief hat die Form eines Heftchens in der Größe von $12^1/_2 : 8^1/_2$ cm. Der aus festem hellgrünen Papier mit grünem Unterdruck und braunem Aufdruck hergestellte Umschlag (Anl. B) enthält zehn leicht abtrennbare, mit laufender Nummer versehene Vordrucke auf weißem Wasserzeichenpapier ebenfalls mit braunem Aufdruck (Anl. C).

Das PSchA. bedruckt den Postkreditbrief bei der Ausfertigung auf der ersten Umschlagseite unten rechts mit dem Hochdruckstempel und durchstreicht von der Zahlenreihe am linken Rande die über den Betrag des Postkreditbriefs hinausgehenden Zahlen mit Tinte.

Die Postkreditbriefe werden an den Inhaber unter „Eigenhändig, Einschreiben, gegen Rückschein" versandt.

Zu **IV** Die Postanstalten beschaffen fehlende Zahlungsmittel auf schnellstem Wege. Soweit bei einzelnen Postanstalten dauernd oder an besonderen Tagen (Markttagen, Festlichkeiten usw.) mit der Auszahlung von Postkreditbriefen zu rechnen ist, wird die Auszahlung sichergestellt. Für die Inhaber von Postkreditbriefen empfiehlt es sich, kleine Postanstalten, bei denen sie größere Beträge abzuheben gedenken, von dieser Absicht einen Tag vorher zu verständigen.

Zu **V** Im Falle des Verlustes eines Postkreditbriefs können postseitig irgendwelche Schritte zur Verhütung einer Schädigung des Inhabers nicht unternommen werden. Der Inhaber muß daher im eigenen Interesse den Postkreditbrief — getrennt von der Postausweiskarte — so sorgfältig aufbewahren, daß ein Verlust nicht eintreten kann.

Durch Eilboten zu bestellende Sendungen.

§ 22. I Auf Verlangen des Absenders können Postsendungen dem Empfänger durch besonderen Boten zugestellt werden (Eilbestellung). Das Verlangen der Eilbestellung muß durch den vom Absender durch Unterstreichung hervorzuhebenden Vermerk „Durch Eilboten" ausgedrückt werden. Bezeichnungen wie „Dringend, Eilig" usw. sind zur Kundgebung des Verlangens der Eilbestellung nicht ausreichend.

Wegen der Zulässigkeit des Verlangens der Eilbestellung durch den Empfänger s. unter XI.

II Die Zustellung von Eilsendungen erfolgt in der Regel sogleich nach Ankunft bei der Bestimmungs-Postanstalt. Während der Nachtstunden von 10 Uhr abends bis 6 Uhr früh findet jedoch keine Eilbestellung statt; nur wenn der Absender den Vermerk „Durch Eilboten" auf der Adresse hinzugefügt hat „auch nachts", wird die Eilbestellung auch während dieser Nachtstunden ausgeführt.

III Der Absender kann die Gebühr für die Eilbestellung (V) vorausbezahlen oder die Zahlung dem Empfänger überlassen. Im Falle der Vorausbezahlung hat er dem Eilbestellvermerke hinzuzufügen „Bote bezahlt".

IV Postanweisungen nebst den Geldbeträgen und Sendungen mit Wertangabe bis zum Betrage von 800 ℳ werden den Eilboten mitgegeben. Bei Sendungen mit höherer Wertangabe erstreckt sich die Verpflichtung zur Bestellung nur auf den Ablieferungschein. Die oberste Postbehörde ist indes berechtigt, die bezeichneten Wertgrenzen für bestimmte Orte dauernd oder vorübergehend zu erweitern und die unter V festgesetzten Gebühren entsprechend zu erhöhen; ebenso kann die Postbehörde, soweit es sich um Postanweisungen handelt, die vom Absender etwa gewünschte Nacht-Eilbestellung beschränken.

V Für die Eilbestellung sind zu entrichten:

A. Im Falle der Vorausbezahlung durch den Absender

bei Postanweisungen, Ablieferungscheinen

im Ortsbestellbezirke	....	25 Pf.,
im Landbestellbezirke	....	60 „

für jeden Gegenstand.

B. Im Falle der Entrichtung des Botenlohns durch den Empfänger

bei allen Sendungen die wirklich erwachsenden Botenkosten, mindestens jedoch 25 Pf. für einen der Gegenstände zu A.

IX Hat der Absender den Botenlohn nicht vorausbezahlt, und verweigert der Empfänger dessen Zahlung, so ist die Sendung als unbestellbar zu behandeln.

X Im Falle der Rücksendung einer unbestellbaren Eilsendung sind die Kosten für den Eilbestellversuch, welche bei der Aushändigung der Sendung vom Empfänger zu erheben gewesen wären, vom Absender zu tragen.

XI Anträgen des Empfängers auf Eilbestellung von Postsendungen kann ausnahmsweise entsprochen werden, wenn dies ohne Beeinträchtigung des Dienstbetriebes möglich ist. Zutreffendenfalls ist der Botenlohn nach den Festsetzungen unter V B zu erheben.

Ort der Einlieferung.

§ 29. IV Jeder Landbriefträger führt auf seinem Bestellgang ein Annahmebuch mit sich, in welches er die von ihm angenommenen Postanweisungen einzutragen hat. Der Einlieferer ist berechtigt, sich das Annahmebuch vorzeigen zu lassen, um sich von den Eintragungen zu überzeugen, auch kann er die Eintragungen selbst bewirken.

V Die Einlieferungsbescheinigungen werden erst durch die Postanstalt ausgestellt und dem Einlieferer, wenn möglich beim nächsten Bestellgang, überbracht.

VIII Die Annahme von Postanweisungen gehört nicht zu den dienstlichen Verpflichtungen der Posthilfstelle. Es können jedoch derartige Sendungen bei der Posthilfstelle zur Weitergabe an den Landbriefträger niedergelegt werden. Diese Niederlegung ist aber lediglich Vertrauenssache der Absender gegenüber dem Inhaber der Posthilfstelle. Die Haftpflicht der Postverwaltung beginnt erst mit erfolgter Ablieferung der Sendungen an den Landbriefträger. Die eingelieferten Postanweisungen hat der Inhaber der Posthilfstelle sogleich in sein Annahmebuch einzutragen, wovon sich der Einlieferer überzeugen kann; dieser ist auch zur Eintragung selbst befugt.

Für die Einlieferung von Sendungen bei einer Posthilfstelle wird keine Nebengebühr erhoben.

Einlieferungsbescheinigung.

§ 31. Die Einlieferung solcher Sendungen, über welche die Postanstalt eine Einlieferungsbescheinigung auszustellen hat, wird durch diese bewiesen. Vermag der Absender die Bescheinigung nicht vorzulegen, so wird die Einlieferung als nicht geschehen erachtet, wenn sie nicht aus den postamtlichen Buchungen ersichtlich ist oder nicht in anderer Weise überzeugend nachgewiesen wird.

Zurückziehung von Postsendungen durch den Absender.

§ 33. I Der Absender kann eine Postsendung zurücknehmen, solange sie dem Empfänger noch nicht ausgehändigt ist.

III Die Rückgabe geschieht an denjenigen, welcher ein von derselben Hand, von der die Aufschrift der Sendung geschrieben ist, ausgefertigtes Doppel der Postanweisung abgibt und die Einlieferungsbescheinigung vorlegt.

IV Eine bereits abgegangene Sendung kann durch Vermittelung der Aufgabe-Postanstalt zurückgefordert werden. Derjenige, welcher sie zurückfordert, muß sich als Absender ausweisen (III) und die Sendung der Aufgabe-Postanstalt schriftlich so genau bezeichnen, daß sie unzweifelhaft als die verlangte zu erkennen ist.

VI Die Rückforderung wird entweder brieflich oder telegraphisch von der Aufgabe-Postanstalt der Postanstalt, welche die Sendung zurücksenden soll, übermittelt. Der Absender hat dafür zu entrichten:

1. wenn die Übermittelung brieflich erfolgt, das Porto für einen einfachen Einschreibbrief;
2. wenn die Übermittelung auf telegraphischem Wege geschieht, die Gebühren für die Beförderung des Telegramms.

Zu § 33.

Zu I Bei Konto-Postanweisungen (PSchO. § 4, II) und bei solchen telegraphischen Zahlungsanweisungen, die im Reichsbankgirowege beglichen werden, hört das Rückforderungsrecht des Absenders mit dem Zeitpunkt auf, wo der Kontoinhaber, an den die Postanweisung gerichtet ist, den Briefumschlag (PSchO. Anl. 7) mit dem Postanweisungsabschnitt oder der Empfänger der telegraphischen Zahlungsanweisung den Briefumschlag mit dem Postanweisungsabschnitt oder dem Benachrichtigungzettel (PSchO. § 9 zu XII) erhalten hat, denn in dem Vermerk auf dem Briefumschlag hat die Bestellpostanstalt dem Empfänger zugesichert, daß der Betrag auf sein Postscheckkonto abgeführt oder als Guthaben bei der Reichsbankanstalt angemeldet werden wird.

An wen die Bestellung erfolgen muß.

§ 39. I Die Bestellung erfolgt an den Empfänger selbst oder an dessen Bevollmächtigten.

II Für die Empfangsberechtigung bei Postsendungen an Handelsfirmen (Einzelfirmen und Handelsgesellschaften), Genossenschaften und Vereine sind, wenn diese in die Handels-, Genossenschafts- und Vereinsregister eingetragen sind, die über die Vertretungsbefugnis in die Register eingetragenen Bestimmungen maßgebend. Postsendungen an nicht in die Register eingetragene Handelsfirmen, Genossenschaften und Vereine sowie an Gesellschaften, Direktionen, Ausschüsse, Bureaus, Geschäftstellen und ähnliche Firmen, in deren Aufschrift der Empfänger nicht namentlich bezeichnet ist, sind an diejenige Person auszuhändigen, welche der Postanstalt als Inhaber, Direktor, Vorsteher usw. bekannt ist oder als solcher sich unzweifelhaft ausweist.

III Der Empfänger, welcher einen Dritten zur Empfangnahme der für ihn bestimmten Postsendungen bevollmächtigen will, hat die Vollmacht schriftlich auszustellen und darin die Gattungen der Sendungen genau zu bezeichnen, zu deren Empfangnahme der Bevollmächtigte befugt sein soll.

VII Postanweisungen bis 400 M können, wenn der Empfänger oder sein Bevollmächtigter in der Wohnung nicht angetroffen, oder dem Briefträger usw. der Zutritt nicht gestattet wird, an ein erwachsenes Familienglied des Empfängers bestellt werden.

Bei höherem Postanweisungsbetrage muß die Bestellung an den Empfänger oder seinen Bevollmächtigten selbst erfolgen.

Die Bestellung der Postanweisungen hat stets an den Empfänger selbst stattzufinden, wenn sie mit dem Vermerk „Eigenhändig“ versehen sind.

X Die Bestellung von Postanweisungsbeträgen darf nur gegen Empfangsbescheinigung geschehen; die Person, an welche die Bestellung erfolgt, hat die auf der Rückseite der Postanweisung vorgedruckte Quittung handschriftlich zu vollziehen.

XIII Postsendungen, die an verstorbene Personen gerichtet sind, dürfen den Erben ausgehändigt werden, wenn sich diese durch Vorlegung des Testaments, der gerichtlichen Erbbescheinigung usw. ausgewiesen haben. Ist ein Testamentsvollstrecker, ein Nachlaßpfleger oder Nachlaßverwalter ernannt worden, so sind die Sendungen an diesen auszuhändigen.

XIV Hinsichtlich der Behändigung von Sendungen durch Eilboten gelten dieselben Bestimmungen, welche für die im gewöhnlichen Wege zur Bestellung gelangenden Sendungen maßgebend sind.

Zu § 39.

Zu I Stehen der Postanstalt für die Auszahlung der Zahlungsanweisungen die Geldmittel nicht sogleich zur Verfügung, so wird zunächst ein Teil des Betrags ausgezahlt, wenn der Empfänger die Teilzahlung wünscht.

Für Firmen, die den Eingang von Zahlungsanweisungen über höhere Beträge erwarten, empfiehlt es sich, daß sie von dem bevorstehenden Eingange die Postanstalt benachrichtigen, damit diese die erforderlichen Gelder rechtzeitig beschaffen kann.

Zu II Für den Postdienstbetrieb kommen in Betracht die gesetzlichen Vorschriften über die Rechtsverhältnisse der Handelsfirmen, Gesellschaften mit beschränkter Haftung, Genossenschaften, Vereine und Gesellschaften, also das Handelsgesetzbuch vom 10. Mai 1897 (RGBl. S. 219), das Gesetz, betreffend die Gesellschaften mit beschränkter Haftung, nach der unterm 20. Mai 1898 bekanntgemachten Fassung (RGBl. S. 846), das Gesetz, betreffend die Erwerbs- und Wirtschaftsgenossenschaften, nach der unterm 20. Mai 1898 bekanntgemachten Fassung (RGBl. S. 810) und aus dem BGB. vom 18. August 1896 (RGBl. S. 195) die Rechtsverhältnisse der Vereine und Gesellschaften.

1. Eingetragene Handelsfirmen.

Ist als Inhaber nur eine Person eingetragen (Einzelfirma), so erfolgt die Aushändigung an diese Person.

Ist eine Handelsgesellschaft Inhaberin der Firma, so ist zu unterscheiden, ob sie

a) eine offene Handelsgesellschaft,

b) eine Kommanditgesellschaft,

c) eine Aktiengesellschaft oder

d) eine Gesellschaft mit beschränkter Haftung

bildet.

Zu a. Zur Vertretung einer offenen Handelsgesellschaft — HGB. §§ 105ff. — ist jeder in das Verzeichnis der Handelsfirmen eingetragene Gesellschafter berechtigt, soweit nicht etwa eine Beschränkung der Befugnis einzelner Gesellschafter zur Vertretung der Gesellschaft in das Verzeichnis eingetragen und bekanntgemacht, oder die Bestimmung, daß nur gewisse Gesellschafter oder mehrere derselben gemeinschaftlich die Gesellschaft vertreten sollen, in gleicher Weise getroffen ist.

Zu b. Zur Vertretung einer Kommanditgesellschaft oder einer Kommanditgesellschaft auf Aktien — HGB. §§ 161 ff., 320 ff. — ist jeder Gesellschafter berechtigt, der als persönlich haftender Gesellschafter in das Verzeichnis der Handelsfirmen eingetragen ist, sofern nicht etwa eine Beschränkung der Befugnis einzelner dieser Gesellschafter zur Vertretung der Gesellschaft in das Verzeichnis eingetragen und bekanntgemacht, oder die Bestimmung, daß nur gewisse Gesellschafter oder mehrere derselben gemeinschaftlich die Firma vertreten sollen, in gleicher Weise getroffen ist.

Zu c. Zur Vertretung einer Aktiengesellschaft — HGB. §§ 178 ff. — ist ihr Vorstand berechtigt; besteht dieser aus mehreren Personen, so sind diese nur gemeinsam zur Vertretung berechtigt, sofern nicht im Verzeichnis der Handelsfirmen ein anderes bestimmt ist.

Zu d. Zur Vertretung einer Gesellschaft mit beschränkter Haftung — Gesetz, betreffend die Gesellschaften mit beschränkter Haftung, in der Fassung vom 20. Mai 1898, §§ 1 ff. — ist der Geschäftsführer berechtigt; sind mehrere Geschäftsführer ernannt, so sind diese nur gemeinsam zur Vertretung berechtigt, sofern nicht im Verzeichnis der Handelsfirmen ein anderes bestimmt ist.

2. Eingetragene Genossenschaften.

Zur Vertretung einer eingetragenen Genossenschaft — Gesetz, betreffend die Erwerbs- und Wirtschaftsgenossenschaften, in der Fassung vom 20. Mai 1898, §§ 1 ff. — ist der Vorstand berechtigt. Zur Vertretung sind nur sämtliche Vorstandsmitglieder gemeinsam berechtigt, sofern im Verzeichnis der Genossenschaften keine andere Bestimmung getroffen ist.

3. Eingetragene Vereine.

Zur Vertretung eines eingetragenen Vereins — BGB. § 21 ff. — ist der Vorstand berechtigt; im Verzeichnis der Vereine kann jedoch seine Vertretungsmacht beschränkt sein.

Besteht der Vorstand aus mehreren Personen, so sind sie nur gemeinsam zur Vertretung berechtigt, sofern nicht durch die Satzungen ein besonderer Vertreter für besondere Geschäfte (Empfang der Postsendungen oder dgl.) bestellt ist.

4. Nicht eingetragene Firmen usw.

Bei nicht eingetragenen Firmen usw. hat der Geschäftsinhaber usw. durch Vorlegung einer ortspolizeilichen Bescheinigung nachzuweisen, daß er der Inhaber usw. ist. Der Nachweis der Inhaberschaft usw. kann auch durch andere von den Beteiligten zu beschaffende glaubhafte Schriftstücke geführt werden. Die Entscheidung über Zulänglichkeit des geführten Nachweises steht dem Vorsteher der Postanstalt (im Postscheckverkehr dem Vorsteher des PSchA.) zu.

Diese Bestimmungen gelten auch dann, wenn das Geschäft mehreren Personen gehört. Bei nicht eingetragenen Firmen mit mehreren Gesellschaftern sind diese nur in Gemeinschaft zur Vertretung berechtigt, wenn nicht durch Gesellschaftsvertrag ein anderes bestimmt ist. Die Teilhaber einer nicht eingetragenen Firma, die gemeinschaftlich zu handeln haben, können gemeinschaftlich eine Vollmacht dahin ausstellen, daß jeder von ihnen für sich allein oder daß ein bestimmter Gesellschafter für einzelne Geschäfte (zur Empfangnahme von Postsendungen oder dgl.) ermächtigt ist.

Bei Gesellschaften — BGB. § 705ff. — sind die Gesellschafter zur Vertretung berechtigt, denen durch den Gesellschaftsvertrag die Führung der Geschäfte übertragen ist. Wenn ein schriftlicher Gesellschaftsvertrag nicht besteht, oder wenn im Gesellschaftsvertrage die mit der Geschäftsführung beauftragten Gesellschafter nicht benannt sind, so haben die Gesellschafter die Berechtigung zur Vertretung in geeigneter Weise nachzuweisen.

Das gleiche gilt für nicht eingetragene Genossenschaften und Vereine sowie für Direktionen, Ausschüsse, Bureaus, Geschäftstellen usw.

Die Subdirektionen, Generalagenturen und

Agenturen der auf Gegenseitigkeit beruhenden Gesellschaften usw., z. B. Lebens-, Feuer-, Unfall-, Hagel-Versicherungsgesellschaften, Landes- und Provinzialbrandkassen, Pensions-, Witwen- und Waisenkassen, haben durch Vorlegung von Urkunden nachzuweisen, daß die beteiligten Personen in satzungsmäßig vorgeschriebener Weise zu Vertretern (Subdirektoren, Generalagenten, Agenten) der Gesellschaft bestellt worden sind.

Bei Subdirektionen, Generalagenturen und Agenturen solcher Versicherungs- usw. Gesellschaften und Anstalten, die auf Erwerb gerichtet und in das Handelsregister nicht eingetragen sind, ist der Nachweis der Berechtigung in der gleichen Weise zu führen, wie es für die Vertreter der auf Gegenseitigkeit beruhenden Gesellschaften angegeben ist.

5. Prokuren.

Ein für eine Handelsniederlassung bestellter Prokurist ist zur Vertretung für die Handelsniederlassung berechtigt, sobald die Erteilung der Prokura in das Verzeichnis der Handelsfirmen eingetragen und bekanntgemacht oder — bis zur Veröffentlichung — durch eine gerichtliche Bescheinigung über die Anmeldung nachgewiesen ist. Ist mehreren Personen gemeinschaftlich Prokura (Gesamtprokura) erteilt, so sind diese Personen nur gemeinsam zur Vertretung berechtigt.

6. Erlöschen, Übergang und Liquidation von Firmen, Genossenschaften usw.

Erlischt eine Einzelfirma, so sind die an sie eingehenden Sendungen noch während eines zur Abwickelung der Geschäfte erfahrungsmäßig ausreichenden Zeitraums von einigen Monaten an den bisherigen Geschäftsinhaber oder an dessen legitimierten Rechtsnachfolger auszuhändigen.

Im Falle der Auflösung einer Gesellschaftsfirma — einer offenen Handelsgesellschaft, einer Kommanditgesellschaft, einer Kommanditgesellschaft auf Aktien, einer Aktiengesellschaft, einer Gesellschaft mit beschränkter Haftung, einer eingetragenen Genossenschaft oder eines eingetragenen Vereins — erfolgt, sofern nicht das Konkursverfahren eröffnet oder u. U. eine besondere Auseinandersetzung von den Gesellschaftern vereinbart ist, die Liquidation. Von ihrem Eintritt ab sind die noch eingehenden Postsendungen an die in die Verzeichnisse der Handelsfirmen usw. eingetragenen Liquidatoren oder die sonst mit der Auseinandersetzung beauftragten Personen auszuhändigen.

Geht ein Handelsgeschäft auf einen anderen Inhaber über, und setzt es dieser unter der bisherigen Firma oder mit einem das Nachfolgeverhältnis andeutenden Zusatze fort, so ist der neue Geschäftsinhaber zum Empfange der unter der Aufschrift der bisherigen Firma eingehenden Postsendungen berechtigt. Wird das Geschäft zwar fortgesetzt, von dem neuen Inhaber jedoch eine von der früheren abweichende und ein Nachfolgeverhältnis nicht andeutende Firma geführt, so können dem Erwerber des Geschäfts die unter der Aufschrift der früheren Firma noch eingehenden Postsendungen nur dann ausgehändigt werden, wenn der bisherige Geschäftsinhaber sich ausdrücklich damit einverstanden erklärt. Entstehen nach den Bestimmungen des Vertrags, durch den das Geschäft auf einen anderen Inhaber übergegangen ist, Zweifel darüber, ob der neue Inhaber nach dem Willen der Vertragschließenden zur Empfangnahme der an die bisherige Firma noch eingehenden Postsendungen berechtigt sein sollte, und lassen sich die Zweifel nicht dadurch beseitigen, daß entweder der Erwerber oder der bisherige Geschäftsinhaber ausdrücklich in die Aushändigung an den anderen willigt, so werden die Sendungen unbestellbar behandelt.

Inwieweit Prokuren mit dem Erlöschen, dem Übergang oder der Liquidation usw. von Firmen hinfällig geworden sind, ergeben die Löschungen im Verzeichnis der Handelsfirmen. Postvollmachten verlieren mit der Auflösung der Firma ihre Gültigkeit, bei Fortführung der bisherigen Firma durch andere Inhaber usw. bleiben sie dagegen in Kraft.

Zu III Durch eine Vollmacht können auch mehrere Vertreter einer offenen Handelsgesellschaft, einer Kommanditgesellschaft, einer Kommanditgesellschaft auf Aktien, einer Aktiengesellschaft, einer Gesellschaft mit beschränkter Haftung, einer eingetragenen Genossenschaft, eines eingetragenen Vereins, denen die Vertretung nur in Gemeinschaft zusteht, einen einzelnen oder jeden von ihnen zur Empfangnahme von Postsendungen usw. ermächtigen. Zur Vereinfachung der Bestellung empfiehlt sich bei Firmen, die nach der Eintragung im Verzeichnis der Handelsfirmen von mehreren Gesellschaftern, Vorstandsmitgliedern, Geschäftsführern, Prokuristen oder Liquidatoren gemeinschaftlich vertreten werden, daß möglichst eine einzelne Person zur Empfangnahme der Sendungen bevollmächtigt wird. Im übrigen dürfen Personen, die zwar gemeinsam zu handeln haben, jedoch nicht Vertreter einer der vorstehend bezeichneten Gesellschaften usw. sind, einem einzelnen oder jedem von ihnen Postvollmacht nur erteilen, wenn sich ihre Berechtigung hierzu aus dem zugrunde liegenden Rechtsverhältnisse (Vertrag, Satzung oder dgl.) unzweifelhaft ergibt.

Ein Handlungsbevollmächtigter — HGB. § 54 — ist nur dann als Bevollmächtigter im Sinne der PO. anzusehen, wenn für ihn eine ordnungsmäßige Postvollmacht bei der Postanstalt niedergelegt worden ist.

Zu VII, Abs. 1. Nach allgemeinen Rechtsgrundsätzen sind „Familienglieder des Empfängers" im Sinne der PO. die Ehefrau (der Ehemann), Eltern, Großeltern, Kinder, Kindeskinder, Geschwister usw.; dagegen zählen die Schwiegereltern, Schwäger usw. des Empfängers nicht zu seinen Familiengliedern.

Zu X Ein Gesellschafter, der für sich allein zur Vertretung einer offenen Handelsgesellschaft, einer Kommanditgesellschaft oder einer Kommanditgesellschaft auf Aktien berechtigt ist, zeichnet in der Weise, daß er die Firma niederschreibt; enthält die Firma außer einem oder mehreren Personennamen noch eine auf ihren Sitz oder ihre Erzeugnisse u. dgl. bezügliche Angabe (z. B. Vereinigte Berlin-Charlottenburger Hutfabriken C. W. Krüger & Co.), so kann die von dem Gesellschafter zu bewirkende eigenhändige Niederschrift auf den Namenteil — C. W. Krüger & Co. — beschränkt, der Sachteil — Vereinigte Berlin-Charlottenburger Hutfabriken — aber durch Stempelabdruck wiedergegeben werden. Der vertretungsberechtigte Gesellschafter kann aber auch in der Weise zeichnen, daß er dem durch Stempelabdruck wiedergegebenen Wortlaute der handelsgerichtlichen Eintragung der Firma handschriftlich seinen Namen hinzufügt, z. B.

Stempelabdruck: { Vereinigte Berlin-Charlottenburger Hutfabriken C. W. Krüger & Co.

Handschriftliche Angabe: Aug. Müller.

Ist die Vertretung der Gesellschaft mehreren Gesellschaftern gemeinschaftlich übertragen, so hat jeder Zeichnende der Firma seinen persönlichen Namen hinzuzufügen. Der Vorstand einer Aktiengesellschaft oder einer eingetragen Genossenschaft zeichnet in der Weise, daß er zu der Firma der Gesellschaft oder zu der Benennung des Vorstands die nach der handelsgerichtlichen Eintragung erforderlichen Namensunterschriften hinzufügt. Die Geschäftsführer einer Gesellschaft mit beschränkter Haftung haben ebenfalls zu der Firma ihre Namensunterschrift hinzuzusetzen. Der Prokurist hat in der Weise zu zeichnen, daß er der Firma seinen Namen mit einem die Prokura andeutenden Zusatze beifügt. Der Liquidator hat seine Unterschrift in der Weise abzugeben, daß er der bisherigen, nun als Liquidationsfirma zu bezeichnenden Firma seinen Namen beifügt. Bei einer mehreren Personen gemeinschaftlich erteilten Prokura (Gesamtprokura) hat jeder Prokurist der Firma seinen Namen mit einem die Prokura andeutenden Zusatze beizufügen. Ebenso muß, wenn mehrere Liquidatoren ernannt sind, die Zeichnung der Liquidationsfirma durch sämtliche Liquidatoren stattfinden. Ein Bevollmächtigter kann rechtsgültig quittieren, wenn er seiner Unterschrift den

Vermerk „J. V." oder „In Vollmacht" hinzufügt. Einer Niederschrift des Namens der Firma oder des sonstigen Vollmachtgebers bedarf es nicht. Soweit in Empfangsbescheinigungen außer den Namensunterschriften die Firma mit anzugeben ist, kann dies durch Stempelabdruck geschehen. Inhaber von Einzelfirmen, die außer dem Vor- und Familiennamen noch einen auf ihren Sitz oder ihre Erzeugnisse bezüglichen Zusatz enthalten, z. B. Adolf Krüger, Fabrik antiseptischer Artikel", können in den Empfangsbescheinigungen die von ihnen zu bewirkende eigenhändige Niederschrift auf den Namenteil — Adolf Krüger — beschränken, den Sachteil — Fabrik antiseptischer Artikel — aber durch Stempelabdruck wiedergeben. Inhaber von Einzelfirmen, die einen von der Firma abweichenden Namen führen, können die Empfangsbescheinigungen in der Weise abgeben, daß sie die Ablieferungscheine usw. mit einem Abdrucke des den Wortlaut der handelsgerichtlichen Eintragung der Firma wiedergebenden Stempels und mit der handschriftlichen Angabe ihres bürgerlichen Namens versehen, z. B.

Stempelabdruck: Wilhelm Schultze.
Handschriftliche Angabe: Karl Wolf.

Zu **XIII** Der Testamentsvollstrecker, Nachlaßpfleger oder Nachlaßverwalter hat sich nötigenfalls durch eine gerichtliche Ausfertigung oder Bestallung auszuweisen.

Zahlungsanweisungen mit dem Vermerke „Bezüge aus der Reichskasse" oder „Bezüge aus der Staatskasse" oder „Bezüge aus öffentlicher Kasse" werden, wenn der Empfänger verstorben ist, keinesfalls ausgehändigt, sondern mit dem Vermerk „Empfänger verstorben" an das Aufgabe-PSchA. zurückgesandt.

Aushändigung von postlagernden Sendungen.

§ 41. I **Sendungen mit dem Vermerke „Postlagernd" werden bei der Bestimmungs-Postanstalt aufbewahrt und dem Empfänger behändigt, wenn er sich meldet und auf Erfordern ausweist.**

Auf Antrag sind von den Postämtern gegen eine Schreibgebühr von 50 Pf. Postausweiskarten auszustellen, die bei allen Postanstalten als Ausweis gelten.

II Die Aufbewahrungsfrist beträgt:

bei Postanweisungen einen Monat vom Tage nach dem Eintreffen.

Zu § 41.

Zu I Wegen der Teilzahlungen für Zahlungsanweisungen s. § 39 zu I (S. 110).

Die im Reichs-Postgebiet, in Bayern und in Württemberg ausgestellten Postausweiskarten gelten im ganzen Deutschen Reiche als vollgültiger Ausweis.

Abholung der Postsendungen.

§ 42. I Der Empfänger, welcher von der Befugnis, seine Postsendungen abzuholen oder abholen zu lassen, Gebrauch machen will, muß dies in einer schriftlichen Erklärung in der von der Postverwaltung vorgeschriebenen Fassung aussprechen und diese Erklärung bei der Postanstalt niederlegen.

II Die Aushändigung erfolgt entweder am Postschalter innerhalb der Postschalterdienststunden oder, wenn die Postbehörde dem Abholer auf besonderen Antrag ein verschließbares Abholungsfach (Schließfach) überlassen hat, durch Einlegen in dieses Fach, dessen Leerung durch den Abholer nach besonderer Festsetzung der Postverwaltung auch außerhalb der Postschalterdienststunden zulässig ist.

V Insoweit die Postverwaltung die Bestellung von Geldbeträgen zu Postanweisungen übernommen hat, sind bezüglich der Bestellung oder Abholung die Postanweisungen mit den Geldbeträgen, gleichviel ob diese dem Empfänger bar ausgezahlt oder auf sein Girokonto bei der Reichsbank überwiesen werden, je als eine zusammengehörige Sendung anzusehen.

VII Bei Postanweisungen wird zunächst nur die Postanweisung ohne den Betrag dem Abholer ausgehändigt.

VIII Die Bestellung erfolgt, der abgegebenen Erklärung des Empfängers ungeachtet, durch Boten der Postanstalt:

1. wenn der Absender die Eilbestellung verlangt hat,
2. . . . . . .
3. wenn es sich um Postanweisungen handelt, die vom Absender mit dem Vermerk „Eigenhändig" versehen sind;
4. wenn der Empfänger den lagernden Gegenstand nicht am Tage nach dem Eingang abholen läßt.

Die Ablehnung der Zahlung der Bestellgebühr im Falle zu 4 gilt als Verweigerung der Annahme.

Zu § 42.

Zu VIII, Ziff. 4. Sonn- und allgemeine Feiertage werden bei Bemessung der für die Abholung zu gewährenden Frist außer Berechnung gelassen.

Aushändigung der Geldbeträge nach Behändigung der Postanweisungen.

§ 43. I Nach der Aushändigung der Postanweisungen werden die abzuholenden Geldbeträge während der Schalterdienststunden der Postanstalten an denjenigen verabfolgt, welcher sich zur Abholung meldet und die mit dem Namen des Empfangsberechtigten unterschriebene Empfangsbescheinigung (Postanweisung) abgibt.

II Eine Untersuchung über die Echtheit der Unterschrift und des etwa hinzugefügten Siegels unter der Postanweisung sowie eine weitere Prüfung der Berechtigung desjenigen, welcher die Postanweisung zurückbringt, liegt der Postanstalt nach § 49 des Gesetzes über das Postwesen nicht ob.

III Wenn der Empfänger unterläßt, auf Grund der abgeholten Postanweisungen die Geldbeträge bei der Postanstalt abzufordern, so werden Postanweisungsbeträge am achten Tage nach dem Eingang als unbestellbar behandelt.

Bei Bemessung der Frist bleiben die Sonntage und allgemein ʌ Feiertage außer Betracht.

Zu § 43.

Zu I Wegen der Teilzahlungen für Zahlungsanweisungen s. § 39 zu I (S. 110).

Nachsendung der Postsendungen.

§ 44. I Hat der Empfänger seinen Aufenthalts- oder Wohnort verändert und ist sein neuer Aufenthalts- oder Wohnort bekannt, so werden Postanweisungen nachgesandt, wenn nicht er oder der Absender eine andere Bestimmung getroffen hat.

III Hat der Absender durch einen Vermerk in der Aufschrift die Nachsendung ausgeschlossen, so darf eine solche auch auf Antrag des Empfängers nicht eintreten.

IV Postanweisungsgebühren werden bei der Nachsendung nicht noch einmal angesetzt.

Zu § 44.

Zu IV Zahlungsanweisungen werden ohne Ansatz einer neuen Gebühr nachgesandt.

Behandlung unbestellbarer Postsendungen am Bestimmungsorte.

§ 45. I Postanweisungen sind für unbestellbar zu erachten:

1. wenn der Empfänger am Bestimmungsorte nicht zu ermitteln und die Nachsendung nach den Vorschriften im § 44 nicht möglich oder nicht zulässig ist;
2. wenn die Annahme verweigert wird;
3. wenn eine Postanweisung mit dem Vermerke „Postlagernd" nicht innerhalb eines Monats vom Tage nach dem Eintreffen von der Post abgeholt wird;
4. . . . . . .
5. wenn die Geldbeträge nicht innerhalb 7 Tagen vom Tage nach dem Eingang in Empfang genommen werden (§ 43, III).

II Ist eine Postanweisung deshalb unanbringlich, weil der Empfänger wegen unzureichender Adresse nicht sicher erkennbar ist, so muß eine Unbestellbarkeitsmeldung erlassen werden, sofern der Absender auf der Sendung genannt ist.

Für die Beförderung jeder Unbestellbarkeitsmeldung und der zu erteilenden Antwort hat der Absender 20 Pf. Porto an die Aufgabe-Postanstalt zu entrichten.

IV Verweigert der Absender die Zahlung des Portos von 20 Pf. (II), so wird seiner etwaigen Bestimmung über die Sendung keine Folge gegeben, die Sendung vielmehr nach dem Aufgabeorte zurückgeleitet.

Das gleiche hat zu geschehen, wenn der Absender seine Erklärung nicht innerhalb 7 Tagen nach Empfang der Benachrichtigung bei der Aufgabe-Postanstalt abgibt.

V Die Postanweisungen sind, wenn sie als unbestellbar erkannt werden, ohne Verzug nach dem Aufgabeorte zurückzusenden.

VI In den vorgedachten Fällen ist der Grund der Rücksendung auf der Postanweisung zu vermerken.

VIII Postanweisungsgebühren werden bei der Rücksendung nicht noch einmal berechnet.

Zu § 45.

Zu I Unbestellbare Zahlungsanweisungen werden ohne weiteres an das Aufgabe-PSchA. zurückgesandt.

Zahlungsanweisungen mit dem Vermerke „Bezüge aus der Reichskasse" oder „Bezüge aus der Staatskasse" oder „Bezüge aus öffentlicher Kasse" werden, wenn der Empfänger verstorben ist, nicht ausgehändigt, sondern mit dem Vermerk „Empfänger verstorben" an das Aufgabe-PSchA. zurückgesandt.

Verweigert der Empfänger die Annahme einer Zahlungsanweisung, so wird er ersucht, dies auf der Zahlungsanweisung zu vermerken.

Bei nachgesandten, postlagernden Zahlungsanweisungen beginnt die Lagerfrist vom Tage nach dem Eintreffen am neuen Bestimmungsorte.

Zu II Die Unbestellbarkeitsmeldungen wegen unbestellbarer Zahlkarten werden dem Absender durch Vermittelung der Aufgabe-Postanstalt zugestellt. Das Porto von 20 Pf. für die Unbestellbarkeitsmeldung ist auch dann zu entrichten, wenn der Absender die Rückleitung der Zahlkarte verlangt. Sind mehrere von demselben Absender an denselben Empfänger gleichzeitig eingelieferte Zahlkarten unbestellbar, so wird für sämtliche Zahlkarten nur eine Unbestellbarkeitsmeldung erlassen und dafür auch nur das einfache Porto von 20 Pf. erhoben. Da im Postscheckverkehr keine Gebührenfreiheit besteht, wird auch für die Unbestellbarkeitsmeldungen wegen der von und an Reichsbehörden eingelieferten Zahlkarten das Porto von 20 Pf. erhoben. Für Unbestellbarkeitsmeldungen für die im Orte des PSchA. eingelieferten Zahlkarten beträgt die Gebühr ebenfalls 20 Pf.

Anträgen der Absender auf telegraphische Beantwortung der Unbestellbarkeitsmeldungen kann die Aufgabe-Postanstalt entsprechen, wenn nach Lage des Falles keine Bedenken dagegen bestehen.

Laufschreiben wegen Postsendungen.

§ 47. I **Die Gebühr für den Erlaß eines Laufschreibens wegen einer zur Post gelieferten Sendung beträgt 20 Pf.**

III **Für Laufschreiben ist die Gebühr im voraus zu entrichten; die Erstattung erfolgt, wenn sich ergibt, daß die Nachfrage durch Verschulden der Post herbeigeführt worden ist.**

Sachregister.

Die Zahlen verweisen auf die Seiten.

A.

B.

E.

M.

N.

P.

T.

U.

V.

W.

Z.

Druck von A. W. Hayn's Erben (Curt Gerber), Potsdam.

15. Das **Deutsche Gerichtskostengesetz** nebst den Gebührenordnungen für Gerichtsvollzieher, Zeugen und Sachverständige. Von **R. Sydow.** Weiter bearbeitet von Reichsgerichtsrat **L. Busch** und Gerichtsassessor **Arno Busch. 9. Aufl.** 1912. 2 M. 60 Pf.

16. **Rechtsanwaltsordnung.** Von **R. Sydow. 5. Aufl.** von Justizrat **M. Jacobsohn.** 1907. Mit Nachtrag, enthaltend die Bestimmungen vom 22. Mai 1910. 1 M. 20 Pf.

17. Die **Deutsche Gebührenordnung für Rechtsanwälte und das Preußische Gebührengesetz** vom 27. September/6. Oktober 1899. Von **R. Sydow.** Fortgeführt von **L. Busch** und Amtsrichter **A. Busch. 11. Aufl.** 1914. Im Druck.

18. **Reichsstempelgesetz** vom 3. Juli 1913. (Börsen-, Lotterie- [Spiel und Wette], Frachturkunden-, Fahrkarten-, Kraftfahrzeug-, Tantieme-, Scheck- und Grundstücksübertragungssteuer.) Mit den gesamten Ausführungsbestimmungen. **12. Aufl.** von Geh. Regierungsrat **P. Loeck.** 1914. 8°. Im Druck.

19. Die **Seegesetzgebung.** Von Dr. **W. E. Knitschky. 5. Aufl.** bearbeitet von Oberlandesgerichtsrat **Otto Rudorff** in Hamburg. 1913. 8 M.

20. **Krankenversicherungsgesetz.** Von weil. Dr. **E. von Woedtke.** Siehe Bd. 107.

21. Die **Konsulargesetzgebung.** Von Professor Dr. **Ph. Zorn. 3. Aufl.** bearbeitet von Reg.-Assessor Dr. **A. Zorn.** 1911. 4 M. 50 Pf.

22. **Patentgesetz.** Nebst Ausführungsbestimmungen, völkerrechtlichen Verträgen und der Patentanwalts-Ordnung. 7. **Aufl.** bearbeitet von **R. Lutter,** Geh. Reg.-Rat im Kaiserl. Patentamt. 1908. 2 M. 80 Pf.

23. **Gewerbe-Unfallversicherungsgesetz.** Von weil. Dr. **E. von Woedtke.** Siehe Bd. 108.

24. **Aktiengesellschaft und Kommanditgesellschaften auf Aktien.** Von Kammergerichtsrat Dr. **H. Keyßner** und Justizrat Dr. **H. Veit Simon. 6. Aufl.** von Amtsrichter **L. Keyßner.** 1911. 3 M.

25. **Brausteuergesetz.** vom 15. Juli 1909. Von **A. Düffe,** Oberzollrevisor. **2. Aufl.** 1910. 3 M.

26. Die Reichsgesetzgebung über **Münz- und Notenbankwesen.** Papiergeld, Prämienpapiere und Reichsschulden. Von Dr. jur **R. Koch,** Präsident des Reichsbankdirektoriums, **6. Aufl.** 1910. 4 M.

27. Die Gesetzgebung, betr. das **Gesundheitswesen** im Deutschen Reich. Von Dr. jur. **C. Goesch** und Dr. med. **J. Karsten.** 1888. 1 M. 60 Pf.

28. **Bau-Unfallversicherungsgesetz.** Vom 30. Juni 1900. Von **R. Chrzescinski.** Siehe Bd. 108.

29. **Erwerbs- und Wirtschaftsgenossenschaften.** Von **L. Parisius** und Dr. **H. Crüger. 14. neu bearb. Aufl.** von Dr. **H. Crüger.** 1912. 1 M. 80 Pf.

30. **Invalidenversicherungsgesetz** vom 13. Juli 1899. Von weil. Dr. **E. von Woedtke.** Siehe Bd. 109.

31. **Gewerbegerichtsgesetz.** Von Stadtrat **L. Mugdan. 7. Aufl.** bearbeitet von **W. Cuno**, Oberbürgermeister zu Hagen i. W. 1911. 2 M. 50 Pf.

32. Reichsgesetz, betr. die **Gesellschaften mit beschränkter Haftung.** Von **L. Parisius** und Dr. **H. Crüger. 13. Aufl.** von Dr. **H. Crüger.** 1914. 2 M.

33. **Vereins- und Versammlungsrecht.** Von Dr. **E. Ball. 2. Aufl.** von Dr. **F. Friedenthal.** 1907. 2 M. 50 Pf.

Reichs-Vereinsgesetz vom 19. April 1908 siehe Nr. 88.

34. Die **Abzahlungsgeschäfte.** Gesetz vom 16. Mai 1894. **3. vermehrte Aufl.** besorgt von Dr. **E. Wilke**, Landgerichtsrat. 1910. 1 M. 25 Pf.

35. Die **Reichs-Eisenbahngesetzgebung.** Von **W. Coermann**, Kaiserl. Amtsrichter. 1895. 2 M. 25 Pf. S. auch Bd. 66.

36. Gesetze, betr. die **privatrechtlichen Verhältnisse der Binnenschiffahrt und der Flößerei.** Von **E. Löwe**, Landgerichtsrat. **4. Aufl.** 1909. 3 M.

37. Gesetz gegen den **unlauteren Wettbewerb.** Von Justizrat **A. Pinner. 6. Aufl.** 1912. 1 M. 50 Pf.

38/39. **Bürgerliches Gesetzbuch nebst Einführungsgesetz** von Dr. **A. Achilles.** In Verbindung mit Professor Dr. **André**, **Kammergerichtsrat Ritgen**, Reichsgerichtsrat Dr. **Strecker**, Senatspräsident Dr. **v. Unzner** herausgegeben von Wirkl. Geh. Ober-Justizrat u. Oberlandesgerichtspräsident **Greiff. 7. Aufl.** 8°. 1912. 7 M.

40. Gesetz, betr. die **Pflichten der Kaufleute bei Aufbewahrung fremder Wertpapiere (Depotgesetz).** Mit Erläuterungen. Von **F. Lusensky,** Geh. Ober-Regierungsrat. **2. Aufl.** 1905. 1 M.

41. **Börsengesetz.** Von Wirkl. Geh. Ober-Regierungsrat **Th. Hemptenmacher.** Dritte Aufl. im Druck.

42. **Grundbuchordnung** nebst den preußischen Ausführungsbestimmungen. Mit Einleitung. Von Prof. Dr. **O. Fischer. 6. Aufl.** 1912. 2 M.

43. **Zwangsvollstreckung in das unbewegliche Vermögen** im Reiche und in Preußen. Mit Einleitung, Kosten- und Gebührentabellen. Von Dr. **J. Krech** u. Dr. **O. Fischer. 7. Aufl.** bearbeitet von Professor Dr. **O. Fischer** u. Landrichter Dr. **F. Krech.** 1914. 3 M.

44. Das Reichsgesetz **über das Auswanderungswesen** vom 9. Juni 1897. **Von Professor Dr. Felix Stoerk.** 1899. 2 M. 25 Pf.

45. Das **Entmündigungsrecht** unter Berücksichtigung der für Preußen geltenden Vorschriften nebst der preußischen Justiz-Ministerial-Verfügung vom 28. November 1899. **Von Landgerichtsrat Dr. P. Noll in Cöln.** 1900. 1 M. 50 Pf.

46. Die Gesetze des Reiches und Preußens über die **freiwillige Gerichtsbarkeit.** Von **Herm. Jastrow,** Amtsgerichtsrat. **5. Aufl.** 1911. 3 M. 60 Pf.

47. Das **deutsche Vormundschaftsrecht** und das preuß. Gesetz über die Fürsorgeerziehung Minderjähriger nebst den dazu gehörigen preußischen Nebengesetzen. Von Oberverwaltungsgerichtsrat **Max Schultzenstein** und Amtsgerichtsrat Dr. **Paul Köhne. 2. Aufl.** 1901. 3 M.

48. Gesetze und Verordnungen, betr. den **Drogen-, Gift- und Farbenhandel** außerhalb der Apotheken. Von Dr. **J. Broh,** Rechtsanwalt. 1899. 1 M. 25 Pf.

49. Deutsche **Kolonialgesetzgebung.** Von Geh. Justizrat Professor Dr. **Philipp Zorn.** 2. Aufl. von Gerichtsassessor Dr. **Sassen.** 1913. 7 M. 50 Pf.

50. Der **Viehkauf** (Viehgewährschaft) nach dem Bürgerlichen Gesetzbuche unter Berücksichtigung des ausländischem Rechts. Verordnung betr. die Hauptmängel und Gewährsfristen beim Viehhandel. Von Rechtsanwalt Dr. **H. Stölzle** und Königlichem Regierungs- und Veterinärrat **H. Weiskopf. 5. Aufl.** 1913. 6 M.

51. **Hypothekenbankgesetz** vom 13. Juli 1899. Von Dr. **H. Göppert. 2. Aufl.** Bearbeitet von Geh. Reg.-Rat Dr. **Seidel.** 1911. 2 M. 40 Pf.

52. Gesetz, betreffend die gemeinsamen **Rechte der Besitzer von Schuldverschreibungen.** Von Dr. **Heinrich Göppert.** 1900. 2 M.

53. **Reichspreßgesetz** vom 7. Mai 1874. Mit **Kommentar** von Erstem Bürgermeister **A. Born.** 1911. **2. Aufl.** 2 M.

54. Die Reichsgesetzgebung über den **Verkehr** mit **Nahrungsmitteln, Genußmitteln** und **Gebrauchsgegenständen.** Von Dr. **Georg Lebbin,** Nahrungsmittelchemiker in Berlin. 1900. 2 M. 25 Pf.

55. Das Recht der **Beschlagnahme von Lohn- und Gehaltsforderungen.** Von Justizrat **Georg Meyer. 5. Aufl.** 1914. 2 M. 70 Pf.

56. Gesetz, betr. die **Bekämpfung gemeingefährlicher Krankheiten.** Nebst Ausführungsbestimmungen. Von Dr. **Bruno Burkhardt**, Regierungsrat, Mitglied des Kaiserl. Gesundheitsamts. 1900. 1 M. 40 Pf.

57. **See-Unfallversicherungsgesetz.** Von Dr. **Max Mittelstein**, Oberlandesgerichtsrat in Hamburg. Siehe Bd. 108.

58. **Das Recht der unehelichen Kinder** nach dem BGB. Von **Hermann Jastrow**, Amtsgerichtsrat. 1901. 1 M. 80 Pf.

59. Reichsgesetz über die **Beurkundung des Personenstandes und die Eheschließung.** Von Dr. **F. Fidler**, Amtsgerichtsrat. 1912. **2. Aufl.** 2 M. 50 Pf.

60. Gesetz, betreffend das **Urheberrecht an Werken der Literatur und der Tonkunst.** Von Geh. Justizrat **Otto Lindemann. 3. Aufl.** 1910. 1 M. 60 Pf.

61. Gesetz über das **Verlagsrecht.** Von Justizrat **E. Heinitz. 2. Aufl.** Bearbeitet von Rechtsanwalt Dr. **Br. Marwitz.** 1911. 1 M. 80 Pf.

62. Gesetz über **private Versicherungsunternehmungen.** Von **H. Könige**, Reichsgerichtsrat. **2. Aufl.** 1910. 4 M. 20 Pf.

63. **Gesetzestafel des Deutschen Reichsrechts.** Systematisch geordnete Nachweisung des z. Z. geltenden Reichsrechts. Von **Hugo Bruhns**, Bürgermeister. 1913. 8°. **2. Aufl.** 3 M. 50 Pf.

64. Gesetzsammlung betr. den **Handel mit Drogen und Giften** Reichsgesetzliche Bestimmungen und Anhang mit den landesgesetzlichen Verordnungen sämtlicher Bundesstaaten, Von Rechtsanwalt **H. Sonnenfeld**, Syndikus der Berliner Drogisten-Innung. **2. Aufl.** 1912. 4 M.

65. Das **Weingesetz** in der Fassung von 1909. Mit Ausführungsbestimmungen von Dr. **Georg Lebbin**, Nahrungsmittelchemiker. **2. Aufl.** 1909. 2 M. 50 Pf.

66. Die **Eisenbahn=Gesetzgebung.** Von **W. Pietsch**, Rechnungsrat im Reichs-Eisenbahn-Amt. **2. Aufl.** 1913. 3 M. 60 Pf.

67. **Militär=Strafgesetzbuch für das Deutsche Reich** mit der Novelle vom 8. 8. 1913. Von Wirklichem Geheimen Kriegsrat Dr. **A. Romen** und Kriegsgerichtsrat Dr. **C. Rissom.** 1912. 6 M.

68. Das **Fleischbeschaugesetz.** Vom 3. Juni 1900. Von Dr. **Georg Lebbin**, Nahrungsmittelchemiker und Rechtsanwalt Dr. **Georg Baum.** 1903. 4 M.

69. Reichsgesetz über die **Naturalleistungen der bewaffneten Macht im Frieden** nebst den in Preußen geltenden Bestimmungen. Von Landrat Dr. **Walter v. Hippel.** 1903. 1 M. 25 Pf.

70. Das **Reichs=Haftpflichtgesetz**, vom 7. Juni 1871. Von Regierungsrat Dr. **G. Eger.** 1903. 3 M.

71. **Kinderarbeit in gewerblichen Betrieben**, vom 30. März 1903. Von **H. Spangenberg**, Oberverwaltungsgerichtsrat. **2. Aufl.** 1904. 1 M. 60 Pf.

72. **Unfallversicherungsgesetz für Land= und Forstwirtschaft** von weil. Dr. **E. von Woedtke.** Siehe Band 108.

73. **Entschädigung für unschuldig erlittene Verhaftung und Bestrafung.** Nebst Anhang, enthaltend die dazu gehörigen Nebengesetze über Schadensersatz. Von Dr. jur. **A. Romen**, Wirklichem Geheimen **Kriegsrat.** 1904. 2 M.

74. Die **Kaufmannsgerichte** nebst den preuß. Ausführungsbestimmungen. Von Professor Dr. **Max Apt. 3. Aufl.** 1905. 2 M.

75. Reichsgesetz über die **Konsulargerichtsbarkeit.** Von Dr. jur. **A. F. Vorwerk,** Rechtsanwalt in Schanghai. 2. Ausgabe, mit dem Schutzgebietsgesetz und der Ausführungsverordnung, betr. die Rechtsverhältnisse in den Schutzgebieten. 1908. 2 M.

76. **Die Rechtshilfe im Verkehr mit den ordentlichen Gerichten nach deutschem Reichsrecht.** Von Landrichter Dr. **A. Friedländer.** 1906. 1 M. 80 Pf.

77. **Das Reichserbschaftssteuergesetz.** Vom 3. Juni 1906. Von **Ulrich Hoffmann,** Rechnungsrat im Königl. Preuß. Finanzministerium. **2. Aufl.** mit Nachtrag, enth. die Bestimmungen v. 3. Juli 1913. **1911. 5 M.**

78. **Zigarettensteuergesetz.** Vom 15. Juli 1909. Von Dr. **Cuno,** Regierungsassessor. **2. Aufl.** in Vorbereitung.

79. **Die Militärpensionsgesetze** vom 31. Mai 1906 nebst Ausführungsbestimmungen. Zum Gebrauch für Heer, Marine und Schutztruppe von Dr. jur. **A. Romen,** Wirklicher Geheimer Kriegsrat.

   a) I. Teil: Offizierpensionsgesetz. 1907. 3 M. 50 Pf.

   b) II. Teil: Mannschaftsversorgungsgesetz. 1908. 3 M. 50 Pf.

80. Reichsgesetzgebung über **gerichtliche Registerführung.** Von **Otto Lindemann,** Geh. Justizrat. 1906. 3 M.

81. Gesetz, betr. **Urheberrecht an Werken der bildenden Künste und der Photographie.** Von Dr. **Ludwig Fuld,** Rechtsanwalt. 1907. 1 M.

82. **Reichsbeamtengesetz** in der Fassung vom 18. Mai 1907 und seine Ergänzungen von Geheimrat Professor Dr. **Adolf Arndt.** 1908. 3 M.

83. Reichsgesetz über **den Versicherungsvertrag** nebst Einführungsgesetz. Von Dr. **Paul Hager** und Dr. **E. Bruck. 3. vermehrte und verbesserte Auflage.** 1913. 6 M.

84. **Sammlung kleinerer privatrechtlicher Reichsgesetze** von Oberlandesgerichtsrat **Georg Müller.** 1908. 6 M. 50 Pf.

85. **Scheckgesetz** mit Einleitung usw. Von Prof. Dr. **Max Apt. 5. Aufl.** Mit Postscheckordnung vom 6. Nov. 1908 und im Anhang „Besteuerung des Schecks". 1909. 2 M.

86. **Die Auslieferungsverträge des Deutschen Reiches** von Landrichter **A. Cohn.** 1908. 4 M.

87. Gesetz zum **Schutz der Warenbezeichnungen.** Von Geh. Reg.-Rat, Mitglied des Patentamts Dr. **Freund** und Rechtsanwalt **Magnus. 5. Aufl.** 1909. 3 M. 50 Pf.

88. **Vereinsgesetz** vom 19. April 1908. Von Dr. jur. **A. Romen,** Wirkl. Geh. **Kriegsrat. 3. Aufl.** 1912. 2 M. 50 Pf.

89. **Vogelschutzgesetz** vom 30. Mai 1908 nebst den das Flugwild betr. Bestimmungen der Preußischen Jagdordnung von Dr. jur. **Leo von Boxberger.** 1908. 1 M.

90. Die Haager Abkommen über das **Internationale Privatrecht.** Von Dr. **G. A. E. Bogeng.** 1908. 2 M. 20 Pf.

91. **Eisenbahn-Verkehrsordnung** vom 23. Dez. 1908. Mit Ausführungsbestimmungen. Von Regierungsrat Dr. **Ernst Blume.** 1909. 2 M. 50 Pf

92. Gesetz, betr. den **Verkehr mit Kraftfahrzeugen.** Von Amtsrichter **R. Kirchner. 2. Ausgabe** ergänzt durch die Bundesratsverordnung vom 3. Febr. 1910 und das Internationale Uebereinkommen vom 11. Okt. 1909. 1910. 3 M.

93. Gesetz über die **Sicherung der Bauforderungen** von Justizrat Dr. **E. Harnier. 3. Aufl.** 1912. 1 M. 60 Pf.

94. **Haftpflicht der Reichs- und Staats-Beamten** von Dr. **H. Delius. 2. Aufl.** 1909. Mit Nachtrag, enth. das **Gesetz über die Haftung des Reichs für seine Beamten vom 22. Mai 1910. 3 M. 50 Pf.**

95. Die Berner Uebereinkunft über **internationales Urheberrecht** von Geh. Ob.-Reg.-Rat Dr. **Herm. Dungs.** 1910. 1 M.

96. **Branntweinsteuergesetz** vom 15. Juli 1909. Unter Berücksichtigung der für das Reich erlassenen Ausführungsbestimmungen. Von Geh. Reg.-Rat **Johs. Ray,** vortrag. Rat im Reichsschatzamt. 1910. 3 M. 50 Pf.

97. **Schutzgebietsgesetz** nebst Verord. betr. die Rechtsverhältnisse in den Schutzgebieten, dem Gesetz über die Konsulargerichtsbarkeit sowie den Ausführungsbest. Von **Johs. Gerstmeyer,** Wirkl. Legationsrat und vortrag. Rat im Reichskolonialamt. 1910. 3 M.

98. **Sechs Haager Abkommen** über **Internationales Privatrecht.** Von Geh. Ob.-Reg.-Rat Dr. **Herm. Dungs.** 1910 1 M. 50 Pf.

99. **Die Abkommen der Haager Friedenskonferenz.** Von Dr. jur. **Hans Wehberg.** 1910. 3 M.

100. Gesetz über den **Absatz von Kalisalzen.** Von Geh. Bergrat **Carl Voelkel.** 1910. 2 M. 40 Pf.

101. **Zuwachssteuergesetz** vom 14. Februar 1911. Von Dr. **W. Cuno,** Geheimer Regierungsrat im Reichsschatzamt. 1911. 3 M. 60 Pf.

102. **Urheberrecht an Mustern und Modellen** u. Ges. betr. Schutz v. Gebrauchsmustern von Reg.-Rat **Johs. Neuberg,** Mitgl. d. **K.** Patentamts. 1911. 2 M. 40 Pf.

103. **Reichs-Viehseuchengesetz** vom 26. Juni 1909 nebst Ausführungsvorschriften u. dem preuß. Ausführungsgesetz. Von Landrat Dr. **Walter v. Hippel. 2. Aufl.** 1912. 4 M. 50 Pf.

104. **Versicherungsgesetz** für Angestellte vom 20. Dez. 1911. Von Rechtsanwalt **O. Bernstein** und Dr. **J. Kupferberg. 2. Aufl.** 1912. 3 M. 50 Pf.

105. **Das Geldwesen in den deutschen Schutzgebieten.** Von **W. Hintze,** Geheimer exped. Sekretär im Reichskolonialamt. 1912. 2 M.

106—109. **Reichs-Versicherungsordnung nebst Einführungsgesetz:** Herausgegeben unter Mitwirkung von Dr. **F. Caspar,** Wirkl. Geh. Rat, Direktor im Reichsamt d. Innern und **A. Spielhagen,** Geh. Ob.-Reg.-Rat, vortr. Rat im Reichsamt d. Innern. 4 Bände.

106. Erstes, fünftes und sechstes Buch. **Gemeinsame Vorschriften. — Beziehungen der Versicherungsträger zu einander und zu anderen Verpflichteten. — Verfahren.** Bearbeitet von Dr. **K. Lippmann,** Reg.-Rat im Reichsversicherungsamt, Professor, Geh. Reg.-Rat Dr. **L. Laß** und Geh. Reg.-Rat **H. Siefart,** vortrag. Räte im Reichsamt des Innern. 1913. 6 M.

107. Zweites Buch. **Krankenversicherung.** Von Geh. Reg.-Rat **H. Siefart,** vortrag. Rat im Reichsamt des Innern. Im Druck.

108. Drittes Buch. **Unfallversicherung.** Von Geh. Reg.-Rat **A. Radtke,** Senatsvorsitzender im Reichsversicherungsamt. 1913. 8 M.

109. Viertes Buch. **Invaliden- und Hinterbliebenenversicherung.** Bearbeitet von Geh. Ober-Regierungs-Rat **B. Jaup,** vortragender Rat im Reichsamt des Innern und **H. Follmann,** Geh. Reg.-Rat im Reichsversicherungsamt. 1912. 4 M.

110. **Wehrbeitragsgesetz** mit Ausführungsbestimmungen. Von Geheimem Ober-Finanzrat **A. Fernow. 2. Aufl.** 1913. 2 M.

111. **Reichs- und Staatsangehörigkeitsgesetz.** Vom 22. Juli 1913. Von Dr. **R. Romen,** Wirklichem Geheimen Kriegsrat. 1913. 2 M. 20 Pf.

112. **Kaufmannsgerichtsgesetz** und die anzuwendenden Bestimmungen des Gewerbegerichtsgesetzes unter besonderer Berücksichtigung der Literatur und Rechtsprechung. Von Magistratsrat Dr. **H. Depène,** Vorsitzender des Kaufmannsgerichts Berlin. 1914. 2 M. 60 Pf.

113. **Postscheckgesetz.** Von Oberpostinspektor **J. Weiland.** 1914. 1 M. 50 Pf.

113a. **Postscheckordnung** mit Ausführungsbestimmungen. Von Oberpostinspektor **J. Weiland.** 1914. Kart. 1 M. 50 Pf.

114. **Waffengebrauch und Festnahmerecht des Militärs.** Von Dr. **A. Romen,** Wirkl. Geh. Kriegsrat und Dr. **C. Rissom,** Kriegsgerichtsrat. 1914. 2 M.

In Vorbereitung:

Besitzsteuergesetz (Vermögenszuwachssteuergesetz). Von Geheimem Ober-Finanzrat **A. Fernow.**

Guttentagsche Sammlung

Preußischer Gesetze.

Textausgaben mit Anmerkungen. Taschenformat.

---

1. **Die Verfassungs-Urkunde für den Preußischen Staat.** Mit Einleitung, vollständigem Kommentar. Von Prof. Dr. **Adolf Arndt. 7. Aufl.** 1911. **4** M.

2. Preußische **Beamten-Gesetzgebung.** Enthaltend die wichtigsten Beamtengesetze in Preußen. Von **C. Pfafferoth. 4., neubearb. Aufl.** 1905. Mit Anhang: Abänderung vom 27. Mai 1907. 2 M.

3. **Die Aufnahme des Nottestaments** durch die bestellten Urkundspersonen. Anweisung mit Musterbeispielen und Abriß des Erbrechts von Amtsgerichtsrat **C. Kurtz.** 1904. 1 M. 50 Pf.

4. **Gebührenordnung** für **Notare** vom 25. Juli 1910. **4. Aufl.** bearbeitet von Justizrat **Rausnitz.** 1910. 2 M. 20 Pf.

5. Gesetz vom **24. April 1854 (betr. die außerehel. Schwängerung).** Von Dr. **Schulze.** 1873. 75 Pf.
   Gültiges Recht siehe: Reichsgesetze Nr. 58.

6. Die Preuß. **Ausführungsgesetze und Verordnungen zu den Reichs-Justizgesetzen.** Von **R. Sydow.** Siehe Seite 24, Busch-Eylau, Ausführungsgesetze.

7. Allg. **Gerichtsordnung** und Preuß. **Konkursordnung.** Von **F. Bierhaus.** Vergriffen.

8. **Vormundschaftsordnung** Von **F. Schultzenstein.**
   Gültiges Recht siehe: Reichsgesetze Nr. 47.

9. Die Preußische **Grundbuchgesetzgebung.** Von Prof. Dr. **Fischer.** Vergriffen. Siehe: Reichsgesetze Nr. 42.

10. **Einkommensteuergesetz.** Von **A. Fernow,** Geh. Ober-Finanzrat. 8. **Aufl.** 1913. 5 M.

11. **Gewerbesteuergesetz.** Von **A. Fernow,** Geh. Ober-Finanzrat. **5., vermehrte Aufl.** 1910. 3 M.

12. **Allgemeines Berggesetz.** Mit seinen Novellen und Nebengesetzen. 3. **Aufl.,** bearbeitet von den Oberbergräten **Schlüter** und **Hense.** 1913. 7 M. 50 Pf.

13. **Ergänzungssteuergesetz** (V e r m ö g e n s s t e u e r g e s e t z). Von **A. Fernow,** Geh. Ober-Finanzrat. **5. Aufl.** 1914. 4 M.

14. **Kommunalabgabengesetz.** Vom 14. Juli 1893 und Gesetz wegen Aufhebung direkter Staatssteuern. Von Dr. **F. Adickes,** Oberbürgermeister. **5. Aufl.** Bearbeitet von Stadtrat Dr. **Woell.** 1911. 2 M. 40 Pf.

15. Die **Kreisordnungen** für den Preußischen Staat. Von **O. Kolisch,** Landgerichtsrat. 1894. 4 M.

16. **Konzessionierung gewerblicher Anlagen.** Preuß. Ausführungs-Anweisung zu §§ 16 u. ff. der Gewerbe-Ordnung. Von Dr. **W. v. Rüdiger,** Geh. Regierungs- u. Gewerberat. **2. Aufl.** 1901. 2 M.

17. Preußisches **Gerichtskostengesetz.** Vom 25. Juli 1910. Mit Kostentabellen. Von Dr. **P. Siméon, Kammergerichtsrat. 7. Aufl.** 1913. 4 M.

18. Preußisches **Stempelsteuergesetz** vom 30. Juni 1909. Mit sämtlichen Ausführungsbestimmungen. Von **P. Loeck**, Geh. Regierungsrat. **7. Aufl.** 8°. 1911. 7 M.

19. Das **Jagdscheingesetz.** Von **F. Kunze**, Wirklichem Geh. Ober-Regierungsrat. **2. Aufl.** 1899. 2 M.

20. Die **preußischen Erbschaftssteuergesetze.** Von **U. Hoffmann**, Rechnungsrat im Königl. preuß. Finanzministerium. 1905. 4 M.

(**Reichs**-Erbschaftssteuergesetz s. Reichsgesetze Nr. 77).

21. Gesetz **über die Handelskammern.** Von **F. Lusensky**, Geh. Regierungsrat. **2. Aufl.** 1909. 3 M.

22. Gesetz, betr. **Anstellung und Versorgung der Kommunalbeamten.** Von Dr. **W. Ledermann. 2. Auflage.** 1914. Bearbeitet von Dr. **Ludwig Brühl.** 2 M. 20 Pf.

23. **Ausführungsgesetz zum Bürgerlichen Gesetzbuche.** Von Kammergerichtsrat Dr. **P. Siméon. 3. Aufl.** 1914. 2,20 M.

24. Die **Hinterlegungsordnung** nebst Ausführungsbestimmungen. Von Regierungsrat Dr. **Georg Bartels. 2. Aufl.** 1908. 2 M.

—, Gesetz vom 21. April 1913 s. Nr. 53.

25. **Preußische Kommunalbeamtengesetzgebung.** Von Magistrats-Assessor Dr. **Fr. Kremski, Berlin.** 1901. 3 M.

26. Gesetze **über das Diensteinkommen der Lehrer und Lehrerinnen, Ruhegehalt und Fürsorge für Hinterbliebene.** Tabelle zur Berechnung der Ruhegehalts-, Witwen- und Waisenbezüge. Von Dr. **Ed. Cremer**, Beigeordneter. 1900. 2 M. 40 Pf.

27. Gesetz, betreffend die **Warenhaussteuer.** Von Geh. Ober-Finanzrat Dr. **G. Strutz.** 1900. 1 M. 20 Pf.

28. Gesetz über die **Fürsorgeerziehung Minderjähriger.** Von Landgerichtsdirektor Dr. **P. F. Aschrott. 2. umgearbeitete Aufl.** 1907. 2 M. 80 Pf.

29. Gesetz, betr. **die ärztlichen Ehrengerichte, das Umlagerecht und die Kassen der Aerztekammern.** Von Amtsgerichtsrat Dr. **F. Fidler.** 1901. 1 M. 50 Pf.

30. Das **Preußische Staatsschuldbuch** und **Reichsschuldbuch.** Von Wirkl. Geh. Ober-Finanzrat **J. Mücke.** 1902. 2 M.

31a. **Die geltenden Preußischen Gesindeordnungen.** Herausgegeben in zwei Bänden von **Stephan Gerhard,** Rechtsanwalt in Berlin.

Band I: Gesindeordnung für die altpreußischen Provinzen vom 8. Nov. 1810, bearbeitet mit ausführlichen Erläuterungen unter Berücksichtigung der Ergänzungsgesetze, der Rechtsverhältnisse der Stellenvermittler und der Reichsversicherungsordnung, sowie die Gesindeordnungen für Neuvorpommern und Rügen und für die **Rheinprovinz. 2. Aufl.** 1914. 3 M.

31b. **Band II:** Gesindeordnungen für Hannover, Schleswig-Holstein, Hessen-Nassau und den Regierungsbezirk Hohenzollern. 2 M. 50 Pf.

Siehe **auch** Seite **25: Ratgeber** von **G r i e b e n.**

32. **Die Städteordnung für die sechs östlichen Provinzen** Preußens vom 30. Mai 1853. Von Stadtrat Dr. **Walter Ledermann** u. Magistratsrat Dr. **Ludwig Brühl. 2. Aufl.** 1913. 7 M. 50 Pf.

33. **Rentenguts- und Anerbenrechts-Gesetzgebung in Preußen.** Von Landgerichtsrat **M. Peltasohn** und Rechtsanwalt **Bruno Peltasohn.** 1903. 3 M.

34. Sammlung der wichtigsten **preußischen Strafgesetze** nebst Anhang: Gesetz betr. polizeiliche Strafverfügungen vom 23. April 1883. Von **Otto Lindemann**, Geheimen Justizrat. 1912. **2. Aufl.** 3 M. 50 Pf.

35. **Geschäftsordnung für Gerichtsvollzieher.** Von **Emil Exner.** 1904. 3 M. 50 Pf.

36. **Polizeiverordnungen in Preußen.** Von **Otto Lindemann,** Geheimen Justizrat. 1912. **2. Aufl.** 2 M. 50 Pf.

37. Gesetz über die **Enteignung von Grundeigentum** vom 11. Juni 1874. Von Oberlandesgerichtsrat **O. Meyer. 2. Aufl.** 1911. 2 M. 25 Pf.

38. **Kreis- und Provinzial-Abgabengesetz.** Vom 23. April 1906. Von **Fr. Schmidt,** Gemeindevorsteher. 1906. 1 M. 25 Pf.

39. Gesetz, betr. die **Unterhaltung der öffentl. Volksschulen.** Von Dr. **A. Marcks,** Regierungsrat. 1906. 2 M.

40. **Verwaltungsstrafverfahren** bei Zuwiderhandlungen gegen die Zollgesetze und indirekte Reichs- und Landesabgaben. Von Dr. **Richard Katzenstein.** 1907. 3 M. 60 Pf.

41. Die **preußischen Jagdpolizeigesetze.** Von **Fr. Kunze,** Wirkl. Geh. Oberregierungsrat und **R. Kühnemann,** Rechtsanwalt. **2. Aufl.** 1907. 3 M. 60 Pf.

42. Die Gesetzgebung über die **Allgemeine Landesverwaltung** und über die **Zuständigkeit der Verwaltungs- und Verwaltungsgerichtsbehörden.** Von Rechtsanwalt Dr. **Karl Friedrichs.** 1908. 3 M.

43. Gesetz betr. die **Zulassung einer Verschuldungsgrenze** für land- und forstwirtschaftlich benutzte Grundstücke. Von Dr. jur. **R. Leweck,** Syndikus. 1908. 2 M. 40 Pf.

44. **Quellenschutzgesetz** nebst den Ausführungsbestimmungen von **Carl Voelkel**, Geheimer Bergrat. 1909. 1 M.

45. **Rechtsverhältnisse der Juden in Preußen** von Dr. jur. **Max Kollenscher**, Rechtsanwalt. 1910. 2 M. 40 Pf.

46. **Austritt aus der Landeskirche** vom 14. Mai 1873. Von Gerichtsassessor **Hrch. Chr. Caro.** 1911. 2 M. 40 Pf.

47. Gesetz, betr. die **Feuerbestattung** von Amtsgerichtsrat Dr. **W. Lohmann.** 1911. 1 M. 50 Pf.

48. **Zweckverbandsgesetz für Groß Berlin** vom 19. Juli 1911 nebst Abdruck des allgemeinen Zweckverbandsgesetzes. Von Magistratsräten Dr. **Ludw. Brühl**, Dr. **Kurt Gordan** und Stadtrat Dr. **Walter Ledermann** in Berlin. 1912. 4 M.

49. **Gesetze gegen die Verunstaltung landschaftlich hervorragender Gegenden** mit Ausführungsanweisungen. Von Regierungsrat **Otto Goldschmidt.** 1912. 2 M. 50 Pf.

50. **Gesetz, betr. die Anlegung und Veränderung von Straßen und Plätzen in Städten und ländlichen Ortschaften** von Oberlandesgerichtsrat **O. Meyer.** 1912. 3 M.

51. **Das preußische Disziplinargesetz für die nichtrichterlichen Beamten** nebst dem Disziplinargesetze für die Privatdozenten. Von Regierungsrat Dr. **Eugen v. Dultzig.** 4 M. 50 Pf.

52. **Preußisches Wassergesetz** v. 7. April 1913 von Rechtsanwalt **Georg Wulff** und Rechtsanwalt **Ferd. Herold.** 1913. 5 M

53. **Hinterlegungsordnung** v. 21. April 1913. Von **Hagemann**, Landrichter. 2 M. 25 Pf.

54. Gesetz, betr. die **Anlegung von Sparkassenbeständen in Inhaberpapieren** nebst Ausführungsverordnung vom 8. Mai 1913. Kommentar von Rechtsanwalt **Herbert Döhring.** 2 M.

Guttentagsche Sammlung
von Textausgaben mit Sachregister ohne Anmerkungen.

Taschenformat, elegant in Leinen gebunden.

Zivilprozeßordnung mit **Gerichtsverfassungsgesetz** und **Einführungsgesetzen.** Neue Fassung. Mit der Novelle vom 22. Mai 1910. 2 M.

Konkursordnung mit **Einführungsgesetz.** 80 Pf.

Bürgerliches Gesetzbuch nebst **Einführungsgesetz.** 10. Abdruck. 2 M. 50 Pf.

Handelsgesetzbuch nebst **Einführungsgesetz** und **Seerecht.** 8. Abdruck. 1910. 1 M. 80 Pf.

Reichsversicherungsordnung von 1911 (Kranken-, Unfall-, Invaliden- u. Hinterbliebenenversicher.). 20—30 Tausend. 2 M.

Militärstrafgerichtsordnung nebst **Einführungsgesetz** u. Gesetzen, betr. Dienstvergehen der richterlichen Militärjustizbeamten und unfreiwillige Versetzung derselben usw. mit **Militär-Strafgesetzbuch.***) **2. Aufl.** 1 M. 50 Pf.

*) Ist auch einzeln zu haben. Preis 1 M.

Wechselordnung mit Anhang: **Wechselprozeß und Ausführungsanweisung.** 1908. 1 M.

Die Preußischen Ausführungsgesetze zum Bürgerlichen Gesetzbuche und Nebengesetze. 5. Aufl. 1 M. 80 Pf.

Reichsfinanzgesetze von 1909 einschließlich der **Reichsstempelgesetze** und des **Erbschaftssteuergesetzes.** 1909. 2 M.

Zuwachssteuergesetz vom 14. Februar 1911. 80 Pf. **Ausführungsbestimmungen** dazu 60 Pf.

Versicherungsgesetz für Angestellte vom 20. Dez. 1911. 1 M. 25 Pf.

Strafgesetzbuch. Mit ausführl. Sachregister. 1912. 1 M. 20 Pf.

Wehrbeitrag und **Besitzsteuer.** Mit ausführl. Sachregister. 1913. 1 M.

Struckmann-Koch, Zivilprozeßordnung für das Deutsche Reich nebst den auf den Zivilprozeß bezüglichen Bestimmungen des Gerichtsverfassungsgesetzes und den Einführungsgesetzen. In den neuen Fassungen mit der Novelle von 1910. Kommentar. Herausgegeben unter Mitwirkung von **R. Rasch**, Landgerichtspräsident in Altona, Dr. **P. Koll**, Senatspräsident beim Oberlandesgericht in Cöln, Dr. **Flechtheim**, Rechtsanwalt beim Oberlandesgericht in Cöln. **9., umgearbeitete Auflage.** 1910. Lex.-8°. 24 M., geb. 26 M.

Pinner, Kommentar zum Gesetz **gegen den unlauteren Wettbewerb** vom 7. Juni 1909. **2. Aufl.** Herausgegeben von Justizrat **Albert Pinner** und Rechtsanwalt Dr. **Erich Eyck.** 1910. Gr.-8°. 5 M. 50 Pf., geb. 6 M. 50 Pf.

Das preußische Warenhaussteuergesetz vom 18. Juli 1900, in Verbindung mit den anderen deutschen Warenhaussteuergesetzen. Erläutert von Dr. **J. Wernicke,** Syndikus. 1913. Preis 4 M. 50 Pf., gebunden 5 M.

Die Stempelsteuerpflicht bei Grundstücksübertragungen. Ein Hilfsbuch zur Berechnung und Einziehung des Immobiliarstempels. Zusammengestellt und bearbeitet von **J. Brachvogel,** Amtsgerichtsrat. 1912. Gr.-8°. Preis 6 M., geb. 7 M.

Patentgesetz und Gesetz, betr. den **Schutz von Gebrauchsmustern.** Von Justizrat Dr. **A. Seligsohn. 4., neubearbeitete Auflage.** 1909. Gr.-8°. 12 M., geb. in Leinen 13 M.

Die Preußischen Ausführungsgesetze, Verordnungen und ministeriellen Verfügungen zu dem Bürgerlichen Gesetzbuche und den Reichs-Justizgesetzen nebst anderen zugehörigen Gesetzen. Von **L. Busch. 2. Aufl.** von Landrichter **O. Eylau.** 8°. Preis geb. 4 M. 50 Pf.

Preußische Bürgerliche Gesetzsammlung. Sammlung der noch geltenden Landesgesetze privatrechtlichen Inhalts. Herausgegeben von den Gerichtsassessoren **D. Fischer** und Dr. **F. Schroeder.** 8°. 2 Bände Preis geb. in ganz Leinen 20 M.

Erster Band: **Das Allgemeine Landrecht mit den Einführungs-Patenten.** Preis 6 M.

Zweiter Band: **Gesetze von 1773—1902.** Preis 14 M.

Kommentar zum Stellenvermittlergesetz vom 2. Juni 1910 unter besonderer Berücksichtigung des zivilrechtlichen Gesetzesinhaltes mit den Ausführungsbestimmungen für **Preußen, Bayern, Sachsen** von **M. K. Samter,** Amtsgerichtsrat. 1912. Gr.-8°. Preis 4 M., geb. 5 M.

Die Gerichtspraxis. Herausgegeben von Kammergerichtsrat Dr. **Ernst Pape** in Verbindung mit Amtsrichter **E. Armstroff,** Berlin-Lichterfelde, Staatsanwalt Dr. **C. Falk,** Berlin, Kammergerichtsrat **M. Gfrörer,** Berlin, Amtsrichter **Wilh. Häuseler,** Berlin-Weißensee, Amtsgerichtsrat **Georg Krause,** Berlin-Tempelhof, Amtsgerichtsrat **L. Levy,** Charlottenburg, Landrichter Dr. **Max Radler,** Berlin, Amtsgerichtsrat **H. Riesenstahl,** Berlin. 1914. Gr. 8°. Geb. 18 M. 50 Pf.

Die Invaliden- und Hinterbliebenenversicherung nach der **Reichsversicherungsordnung.** Eine systemat. Zusammenstellung der gesetzl. Bestimmungen von Dr. **Richard Freund,** Vorsitzendem der Landes-Versicherungsanstalt Berlin. 1911. 2 M., geb. 3 M.

Wie leitet man eine Versammlung? Geschäftlicher Handweiser für Vorsitzende. Von einem Mitgliede des deutschen Reichstages und des preußischen Abgeordnetenhauses. **2. Aufl.** 1908. kart. 1 M.

Praktischer Ratgeber für Dienstherrschaften nach dem Preuß. Gesinderecht unter Berücksichtigung der neueren Entscheidungen bearbeitet von **H. Grieben,** Verwaltungsdirektor a. D. und Bürgermeister. 1908. 1 M.

Das Recht der Handlungsgehilfen und Handlungslehrlinge. Von Rechtsanwalt **Hugo Horrwitz. 2. Aufl.** Geb. 3 M.

Die Registratur. Von **Hermann Kollrack. 2. Aufl.** 1906. 8°. **Kart.** 1 M. 40 Pf.

Die Pflichten des Waisenrates. Ein praktischer Leitfaden für Waisenräte und Verwaltungsbeamte. Von **F. Baum,** Geh. Justizrat und Vormundschaftsrichter. **8. vermehrte und verbesserte Auflage.** 1906. 8°. 60 Pf.

Der Vormund, Gegenvormund, Pfleger und Familienrat. Nach dem Bürgerlichen Gesetzbuch, dem Reichsgesetz über die Angelegenheiten der freiwilligen Gerichtsbarkeit und dem Ausführungsgesetz zum BGB. Ein praktischer Leitfaden. Von **F. Baum,** Geh. Justizrat und Vormundschaftsrichter. 1899. 8°. 50 Pf.

Schlagwort-Register.

R. = Nummer der Sammlung Deutscher Reichsgesetze.
P. = Nummer der Sammlung Preußischer Gesetze.
S. = Seite.

Schlagwort-Register. (R. = Reichsgesetz, P. = preuß. Gesetz.)

Schlagwort-Register. (R. = Reichsgesetz, P. = preuß. Gesetz.)

Schlagwort-Register. (R. = Reichsgesetz, P. = preuß. Gesetz.)

Schlagwort-Register. (R. = Reichsgesetz, P. = preuß. Gesetz.)

Nachtrag

zur

Postscheckordnung vom 22. Mai 1914.

Nach der Drucklegung bis zum 1. April 1918 sind folgende Änderungen eingetreten:

Seite 10.

Zu § 1, Abs. I.

Zur Förderung des bargeldlosen Zahlungsverkehrs in der durch den Krieg heimgesuchten Provinz Ostpreußen ist am 1. Juli 1916 in **Königsberg (Pr.)** ein **PSchA.** eingerichtet worden. Der Geschäftsbereich dieses PSchA. umfaßt die OPD.-Bezirke Königsberg (Pr.) und Gumbinnen, die vom PSchA. in Danzig abgezweigt worden sind.

Seite 16.

II. Einzahlungen.

Einzahlungen durch Zahlkarte.

§ 2[1]). I Durch Zahlkarte können auf ein Postscheckkonto Beträge in beliebiger Höhe eingezahlt werden. Der Absender hat die Zahlkarte vor der Einlieferung zur Post mit Freimarken in Höhe der Zahlkartengebühr (Postscheckgesetz § 5 Ziffer 1) freizumachen.

II Die Zahlkarten werden zum Preise von 5 Pf. für je 5 Stück verabfolgt. Einzelne Zahlkarten werden am Schalter der Postanstalten an das Publikum unentgeltlich abgegeben.

III Geschäftsblätter mit anhängender Zahlkarte werden von den Postscheckämtern zum Preise von 1 M. 25 Pf. für je 50 Stück verabfolgt.

IV Die Zahlkarten (II, III) können auch durch die Privatindustrie hergestellt werden; sie müssen in der Größe, Farbe und Stärke des Papiers sowie im Vordrucke mit den durch die Post ausgegebenen Zahlkarten genau übereinstimmen.

V Die Zahlkarte muß entweder durch Druck, mit der Schreibmaschine usw. oder handschriftlich mit Tinte ausgefüllt werden. Der Betrag ist in der Reichswährung einzutragen. Die Marksumme muß in Ziffern und in Buchstaben ausgedrückt sein. Auch der mit der Zahlkarte verbundene Einlieferungsschein ist vom Einzahler auszufüllen.

VI Der Abschnitt der Zahlkarte dient zu Mitteilungen an den Kontoinhaber.

VII Nach Einzahlung des Betrags wird der Postvermerk auf dem Einlieferungsscheine vollzogen.

VIII Der eingezahlte Betrag wird dem in der Zahlkarte angegebenen Postscheckkonto gutgeschrieben. Das Postscheckamt übersendet dem Kontoinhaber nach der Gutschrift den Abschnitt der Zahlkarte.

IX Kann die Zahlkarte beim Postscheckamt nicht gutgeschrieben werden, weil ein Konto unter der in der Zahlkarte angegebenen Bezeichnung nicht geführt wird, oder weil der Kontoinhaber wegen unzureichender Adresse nicht sicher erkennbar ist, so wird eine Unbestellbarkeitsmeldung erlassen, damit der Absender die Angaben der Zahlkarte berichtige oder die Rückzahlung des Betrags beantrage. Der Betrag wird dem Absender ohne Unbestellbarkeitsmeldung zurückgezahlt, wenn für den Empfänger beim Postscheckamt zwar ein Konto bestanden hatte, dieses aber erloschen ist.

Für die Beförderung der Unbestellbarkeitsmeldung und der Antwort hat der Absender 20 Pf. an die Aufgabe-Postanstalt zu zahlen.

X Den Landbriefträgern können auf ihren Bestellgängen freigemachte Zahlkarten bis 800 M zur Ablieferung an die Postanstalt übergeben werden. Für das Verfahren gilt die Postordnung § 29, IV ff. Für jede dem Landbriefträger übergebene Zahlkarte sind 5 Pf. im voraus zu zahlen.

XI Bei den Posthilfstellen können Zahlkarten bis 800 M unter den in der Postordnung § 29, VIII für Postanweisungen angegebenen Bedingungen zur Weitergabe an den Landbriefträger niedergelegt werden.

XII Der Absender kann eine eingelieferte Zahlkarte unter den Voraussetzungen der Postordnung § 33 zurücknehmen, solange der Betrag dem Konto des Empfängers noch nicht gutgeschrieben ist.

XIII Für eine bereits abgegangene Zahlkarte wird die Zahlkartengebühr nicht erstattet.

[1]) Es sind wie angegeben geändert

die Abs. I, X und XIII durch die Bekanntmachung des Reichskanzlers, betreffend Änderung der Postscheckordnung, vom 25. März 1918 (Reichs-Gesetzbl. S. 150), der Abs. II durch die Bekanntmachung des Reichskanzlers, betreffend Änderung der Postscheckordnung, vom 26. August 1917 (Reichs-Gesetzbl. S. 736),

der Abs. III durch die Bekanntmachung des Reichskanzlers, betreffend Änderung der Postscheckordnung, vom 24. Januar 1918 (Reichs-Gesetzbl. S. 64).

Zu § 1.

Die Ausführungsbestimmungen sind bis auf die zu **IV**, **V**, **VII** und **VIII** unverändert geblieben. Die Ausführungsbestimmungen zu IV und V lauten jetzt wie folgt:

Zu IV Muster zu Zahlkarten sind von den PSchÄ. zu beziehen. Die Privatdruckereien können die Zahlkarten auch ohne Einlieferungsschein zur Abgabe an solche Verbraucher herstellen, die diese Vordrucke mit Posteinlieferungsbuch aufgeben. Zur Vermeidung von Weiterungen empfiehlt es sich, vor der Herstellung einer neuen Auflage einen Probeabdruck dem PSchA. zur Prüfung einzusenden.

Bei den nichtamtlich hergestellten Zahlkarten kann in dem für die Kontonummer vorgesehenen Raume die Strichelung fehlen, wenn auf dem Hauptteile der Zahlkarte die Kontonummer mit vorgedruckt wird, auch braucht der Raum zur Wiederholung des Betrags nicht gestrichelt zu sein, wenn der Betrag in Buchdruck angegeben ist. Der Betrag muß ohne Lücken eingedruckt und nötigenfalls durch starke liegende Striche am Anfang und Schlusse der Angabe begrenzt sein. Vordrucke mit handschriftlichen oder durch Druck hergestellten Änderungen des Betrags dürfen nicht verwandt werden.

Zu V Um Irrtümer beim Buchen der Zahlkarten zu vermeiden, empfiehlt es sich, möglichst solche Zahlkarten zu benutzen, auf denen die Kontonummer, der Name und Wohnort des Kontoinhabers sowie der Name des PSchA. vorgedruckt sind. Diesen Vordruck führt auf Antrag des Kontoinhabers auch das PSchA. zu folgenden Preisen aus:

für 50 Zahlkarten . . . . . . 50 Pf.,
„ 100 „ . . . . . . 70 „ und
„ je weitere 100 Zahlkarten 20 „ mehr.

In die Zahlkarte können die Kontonummer, die Bezeichnung des Kontoinhabers und der Ort des PSchA. in beliebiger Farbe eingedruckt werden.

Zu VII und VIII. Einzahlungen auf Zahlkarte können auch durch Postschecks und Überweisungen des Postscheckverkehrs beglichen werden. Der erste Absatz auf S. 22 „Die Begleichung von Zahlkartenbeträgen usw." bis „nicht zugelassen" ist daher zu streichen.

Seite 22.

Telegraphische Zahlkarten.

§ 3. IV Der zweite Unterabsatz „Die Gebühr zu 1" bis „zu entrichten" ist zu streichen (Änderung der Postscheckordnung am 25. März 1918, Reichs-Gesetzbl. S. 150).

Seite 24.

Überweisung von Post- und Zahlungsanweisungen und von Beträgen, die durch Postauftrag oder Nachnahme eingezogen worden sind.

§ 4[1]). I Der Kontoinhaber kann bei der Postanstalt, durch die er seine Postsendungen erhält, beantragen, daß alle für ihn eingehenden oder auch einzelne bereits eingegangene Post- und Zahlungsanweisungen seinem Postscheckkonto gutgeschrieben werden.

II Die Postanstalt fertigt über die für den Kontoinhaber gleichzeitig vorliegenden Post- und Zahlungsanweisungen täglich eine Zahlkarte und kürzt zu Lasten des Kontoinhabers den Gesamtbetrag um der Abs. II durch die Bekanntmachung des Reichskanzlers, betreffend Änderung der Postscheckordnung, vom 26. August 1917 (Reichs-Gesetzbl. S. 736),

der Abs. III durch die Bekanntmachung des Reichskanzlers, betreffend Änderung der Postscheckordnung, vom 24. Januar 1918 (Reichs-Gesetzbl. S. 64).

Zu § 1.

Die Ausführungsbestimmungen sind bis auf die zu **IV**, **V**, **VII** und **VIII** unverändert geblieben. Die Ausführungsbestimmungen zu IV und V lauten jetzt wie folgt:

Zu IV Muster zu Zahlkarten sind von den PSchÄ. zu beziehen. Die Privatdruckereien können die Zahlkarten auch ohne Einlieferungsschein zur Abgabe an solche Verbraucher herstellen, die diese Vordrucke mit Posteinlieferungsbuch aufgeben. Zur Vermeidung von Weiterungen empfiehlt es sich, vor der Herstellung einer neuen Auflage einen Probeabdruck dem PSchA. zur Prüfung einzusenden.

Bei den nichtamtlich hergestellten Zahlkarten kann in dem für die Kontonummer vorgesehenen Raume die Strichelung fehlen, wenn auf dem Hauptteile der Zahlkarte die Kontonummer mit vorgedruckt wird, auch braucht der Raum zur Wiederholung des Betrags nicht gestrichelt zu sein, wenn der Betrag in Buchdruck angegeben ist. Der Betrag muß ohne Lücken eingedruckt und nötigenfalls durch starke liegende Striche am Anfang und Schlusse der Angabe begrenzt sein. Vordrucke mit handschriftlichen oder durch Druck hergestellten Änderungen des Betrags dürfen nicht verwandt werden.

Zu V Um Irrtümer beim Buchen der Zahlkarten zu vermeiden, empfiehlt es sich, möglichst solche Zahlkarten zu benutzen, auf denen die Kontonummer, der Name und Wohnort des Kontoinhabers sowie der Name des PSchA. vorgedruckt sind. Diesen Vordruck führt auf Antrag des Kontoinhabers auch das PSchA. zu folgenden Preisen aus:

für 50 Zahlkarten . . . . . . 50 Pf.,
„ 100 „ . . . . . . 70 „ und
„ je weitere 100 Zahlkarten 20 „ mehr.

In die Zahlkarte können die Kontonummer, die Bezeichnung des Kontoinhabers und der Ort des PSchA. in beliebiger Farbe eingedruckt werden.

Zu VII und VIII. Einzahlungen auf Zahlkarte können auch durch Postschecks und Überweisungen des Postscheckverkehrs beglichen werden. Der erste Absatz auf S. 22 „Die Begleichung von Zahlkartenbeträgen usw." bis „nicht zugelassen" ist daher zu streichen.

Seite 22.

Telegraphische Zahlkarten.

§ 3. IV Der zweite Unterabsatz „Die Gebühr zu 1" bis „zu entrichten" ist zu streichen (Änderung der Postscheckordnung am 25. März 1918, Reichs-Gesetzbl. S. 150).

Seite 24.

Überweisung von Post- und Zahlungsanweisungen und von Beträgen, die durch Postauftrag oder Nachnahme eingezogen worden sind.

§ 4[1]). I Der Kontoinhaber kann bei der Postanstalt, durch die er seine Postsendungen erhält, beantragen, daß alle für ihn eingehenden oder auch einzelne bereits eingegangene Post- und Zahlungsanweisungen seinem Postscheckkonto gutgeschrieben werden.

II Die Postanstalt fertigt über die für den Kontoinhaber gleichzeitig vorliegenden Post- und Zahlungsanweisungen täglich eine Zahlkarte und kürzt zu Lasten des Kontoinhabers den Gesamtbetrag um die Zahlkartengebühr. Die Abschnitte der Post- und Zahlungsanweisungen stellt die Postanstalt dem Kontoinhaber gebührenfrei zu.

III Die durch Postauftrag eingezogenen Beträge werden nach Abzug der Zahlkartengebühr dem Postscheckkonto des Auftraggebers oder eines Dritten mit Zahlkarte überwiesen, wenn der Auftraggeber Postaufträge mit anhängender Zahlkarte benutzt. Die Zahlkarte ist von ihm auszufüllen; als Betrag ist der einzuziehende Betrag nach Abzug der Zahlkartengebühr einzutragen.

Wird die Überweisung auf das Postscheckkonto eines Dritten beantragt, so hat der Auftraggeber am Fuße der Vorderseite des Postauftrags zu vermerken:

„Zahlkarte P.Sch.A. (Ort) .... Konto-Nr. ....
N. .... in M. ....“

und auf dem Abschnitte der Zahlkarte seinen Namen anzugeben.

IV Die durch Nachnahme eingezogenen Beträge werden nach Abzug der Zahlkartengebühr dem Postscheckkonto des Absenders oder eines Dritten mit Zahlkarte überwiesen, wenn der Absender der Sendung eine Zahlkarte beifügt. Als Betrag ist in der Zahlkarte der einzuziehende Betrag nach Abzug der Zahlkartengebühr einzutragen. Bei Paketen oder Karten mit Nachnahme hat der Absender Nachnahme-Paketkarten und Nachnahmekarten mit anhängender Zahlkarte zu benutzen. Bei Nachnahmepaketen ist auf dem Paket in der Aufschrift unmittelbar unter der Angabe des Nachnahmebetrags zu vermerken:

„Zahlkarte P.Sch.A. (Ort) .... Konto-Nr. ....
N. .... in M. ....“

Bei Briefen usw. mit Nachnahme hat der Absender blaue Nachnahme-Zahlkarten (mit Klebeleiste) oder hellrotbraune Nachnahme-Zahlkarten in Kartenform zu verwenden. Unmittelbar unter der Angabe des Nachnahmebetrags ist auf diesen Sendungen zu vermerken:

„Zahlkarte P.Sch.A. (Ort) .....Konto-Nr. ....
N. ... in M. ...“

Wird die Überweisung auf das Postscheckkonto eines Dritten beantragt, so hat der Absender auf dem Abschnitte der Zahlkarte seinen Namen anzugeben.

V Die Postaufträge zur Geldeinziehung und zum Postprotest mit anhängender Zahlkarte, die Nachnahme-Paketkarten und die Nachnahmekarten mit anhängender Zahlkarte werden von den Postscheckämtern zum Preise von 10 Pf. für je 5 Stück, die blauen und die hellrotbraunen Nachnahme-Zahlkarten zum Preise von 5 Pf. für je 5 Stück verabfolgt.

VI Die Vordrucke (V) können auch durch die Privatindustrie hergestellt werden; sie müssen in der Größe, Farbe und Stärke des Papiers sowie im Aufdrucke mit den amtlichen genau übereinstimmen.

VII Das Postscheckamt übersendet dem Kontoinhaber nach der Gutschrift des Betrags den Abschnitt der Zahlkarte.

[1]) Die Abs. I bis V sind wie angegeben geändert durch die Bekanntmachungen des Reichskanzlers, betreffend Änderung der Postscheckordnung, vom 31. Oktober 1916 (Reichs-Gesetzbl. S. 1231), vom 24. Januar 1918 (Reichs-Gesetzbl. S. 64) und vom 25. März 1918 (Reichs-Gesetzbl. S. 150).

Zu § 4.

Zu I Die Kontoinhaber können entweder Post- und Zahlungsanweisungen oder nur Postanweisungen oder nur Zahlungsanweisungen ihrem Postscheckkonto gutschreiben lassen. Anträgen von Firmen, die Beträge der für ihre auswärtigen Zweiggeschäfte eingehenden Post- und Zahlungsanweisungen auf das Konto des Hauptgeschäfts abzuführen, wird entsprochen, wenn das Zweiggeschäft hiermit einverstanden ist und das Hauptgeschäft nachweist, daß es zur Stellung des Antrags berechtigt ist. Die Abschnitte der Post- und Zahlungsanweisungen (II) können in solchem Falle auf Antrag auch dem Hauptgeschäft gesandt werden, die Versendung geschieht jedoch portopflichtig. Ferner ist zugelassen, daß dem für eine Firma geführten Postscheckkonto auf Antrag die unter der persönlichen Anschrift des Firmeninhabers eingehenden Post- und Zahlungsanweisungen gutgebracht werden. Hat der Inhaber von zwei oder mehreren Firmen nur für die eine Firma ein Postscheckkonto eröffnen lassen, so können diesem Konto auch die Beträge der für die anderen Firmen eingehenden Post- und Zahlungsanweisungen gutgeschrieben werden.

Die Gutschrift der für einen Kontoinhaber eingegangenen Post- und Zahlungsanweisungsbeträge auf ein anderes als das eigene Postscheckkonto ist nicht zulässig. Die für eine Firma eingehenden Post- und Zahlungsanweisungen können auch nicht dem Postscheckkonto des Postbevollmächtigten gutgebracht werden. Ebensowenig ist es angängig, daß die für einen Geschäftsführer einer G. m. b. H. eingehenden Post- und Zahlungsanweisungen dem Postscheckkonto der G. m. b. H. gutgeschrieben werden.

Zu II Den Kontoinhabern, die Abholer sind, werden die vollständigen Post- und Zahlungsanweisungen, also Hauptteil und Abschnitt zusammenhängend, in Umschlägen übergeben, auf denen vermerkt ist, daß der Gesamtbetrag abzüglich der Zahlkartengebühr auf das Postscheckkonto abgeführt werden wird. Die Kontoinhaber haben die Umschläge, mit dem Anerkenntnis der Richtigkeit versehen, und unter Beifügung der Hauptteile der Post- und Zahlungsanweisungen an ihre Postanstalt zurückzugeben. Auf besonderes Verlangen werden den Abholern die Post- und Zahlungsanweisungen auch an Sonn- und Feiertagen ausgehändigt. Den Kontoinhabern, die ihre Postsendungen ins Haus bestellt erhalten, werden nur die Abschnitte der Post- und Zahlungsanweisungen unter Briefumschlag (Anl. 7) gesandt, auf dem durch einen Zusatz ebenfalls vermerkt ist, daß der Gesamtbetrag abzüglich der Zahlkartengebühr auf das Postscheckkonto abgeführt werden wird. Die Abschnitte werden ihnen für gewöhnlich werktäglich einmal — im Falle des Bedürfnisses jedoch werktäglich zweimal — zugeführt. Für die Bestellung von Briefen mit Post- und Zahlungsanweisungsabschnitten wird kein Bestellgeld erhoben.

Wegen des Rückforderungsrechts des Absenders bei den Postanweisungen, das sinngemäß auch für Zahlungsanweisungen gilt, s. P. O. § 33 zu I auf S. 108.

Hat der Absender Postanweisungen für einen Kontoinhaber unmittelbar an das PSchA. gerichtet, so werden die Beträge dem Konto gutgeschrieben und die Abschnitte dem Kontoinhaber mit Kontoauszug gesandt.

Zu III Mit Postauftrag können Beträge bis 800 M einschließlich eingezogen werden.

Die Postauftragskarten zur Geldeinziehung und zum Postprotest mit anhängender Zahlkarte werden nach Anl. 8 und 9 hergestellt.

Der Postauftrag ist in einem verschlossenen freigemachten Umschlag mit der Aufschrift „Postauftrag nach . . . . . (Name der Bestimmungs-Postanstalt)“ einzuliefern. Als Bestimmungs-

Postanstalt ist die Postanstalt zu nennen, die den Geldbetrag einziehen soll.

Zu IV Postnachnahmen sind bis 800 M einschließlich bei Briefsendungen und Paketen zulässig.

Die Nachnahme-Paketkarten und Nachnahmekarten werden nach Anl. 10 und 11 hergestellt.

Den Auslands-Paketkarten zu den im deutschen Zollgebiet eingelieferten und nach deutschen Bestimmungsorten gerichteten zollpflichtigen Nachnahmepaketen sind ausgefüllte blaue Nachnahme-Zahlkarten (Anl. 12) oder hellrotbraune Nachnahme-Zahlkarten — Anl. 10 oberer (zweiter) Teil — beizufügen, wenn die eingezogenen Nachnahmebeträge dem Postscheckkonto des Absenders mit Zahlkarte überwiesen werden sollen.

Die blaue Nachnahme-Zahlkarte wird nach Anl. 12 hergestellt. Der Kontoinhaber klebt die ausgefüllte Zahlkarte mit der Klebeleiste auf die Rückseite des Briefes, der Drucksache usw. Die angeklebte Zahlkarte ist der Größe der Sendung entsprechend zu falten; die andere Schmalseite ist mit Siegelmarke oder dergl. an der Sendung zu befestigen.

Gewöhnlichen Briefsendungen mit Nachnahme (ausschließlich solcher in Kartenform) kann die ausgefüllte Zahlkarte (Anl. 12) auch in einer mit einer Verschlußklappe versehenen offenen Tasche beigefügt werden, die auf der Rückseite des Briefes, der Drucksache usw. angebracht ist.

Die hellrotbraunen Nachnahme-Zahlkarten werden nach der Anl. 11 — oberer (zweiter) Teil — hergestellt. Der Absender hat sie an der Sendung durch kreuzweises Umschnüren zu befestigen.

Bei Nachnahmebriefsendungen, denen eine blaue oder hellrotbraune Zahlkarte beigefügt worden ist, werden von dem für die Gebührenberechnung zugrunde zu legenden Gewichte der Sendungen für die Zahlkarte bis zu 2 g abgerechnet: Hierin ist das Gewicht der Stecknadeln, Siegelmarken usw. zum Befestigen der Vordrucke einbegriffen: das etwaige Übergewicht anderer Befestigungsmittel wird dem Reingewichte der Sendung hinzugerechnet.

Zu III und IV Zweiggeschäfte, die kein eigenes Postscheckkonto unterhalten, können die durch Postauftrag oder Nachnahme eingezogenen Beträge dem Postscheckkonto des Hauptgeschäfts mit Zahlkarte überweisen lassen.

Bei Postaufträgen ist der Auftraggeber, bei Nachnahmen der Absender dafür verantwortlich, daß auf der Zahlkarte der Empfangsberechtigte richtig angegeben ist.

Die Kontoinhaber können die Beträge der von ihnen ausgehenden Postaufträge und Nachnahmen nach Österreich, Ungarn, der Schweiz und Luxemburg unmittelbar ihrem Postscheckkonto in Deutschland durch Postanweisung überweisen lassen. Hierzu ist erforderlich, daß am Fuße des ersten Teils der Auslands-Postauftragskarte oder bei Nachnahme-Briefsendungen unmittelbar unter der Angabe des Nachnahmebetrags ohne Anwendung von Abkürzungen vermerkt wird:

„Betrag an das Postscheckamt in H . . . .
zur Gutschrift auf das Konto Nr. . . . . des
N . . . . in M . . . .“

Enthält der Postauftrag Wertpapiere für mehrere Zahlungsempfänger, so gilt der Überweisungsvermerk für alle einzulösenden Papiere.

Bei Nachnahmepaketen hat der Absender die der Paketkarte anhängende, von ihm auszufüllende Postanweisung unmittelbar an das zuständige deutsche PSchA. unter Angabe seiner Kontonummer wie folgt zu richten:

„An das K. Postscheckamt
zur Gutschrift auf das Konto Nr. . . . . des
N . . . . in M . . . .

in
H . . . .
(Ort des PSchA.)“

Zu V Auf Antrag des Kontoinhabers werden die Vordrucke Anl. 8 bis 12 bei den PSchÄ in gleicher Weise wie die Zahlkarten (§ 2 zu V) bedruckt.

Auf dem Abschnitte der Auftrags- und Nachnahme-Zahlkarten können Name und Wohnort des Empfängers wegbleiben, wenn ein Kassen- oder Buchungszeichen angegeben ist.

Zu VI Für den Bezug von Mustern zu den Vordrucken, die Einsendung von Probeabdrucken an die PSchÄ. usw. gilt § 2 zu IV sinngemäß.

Seite 37.

Telegraphische Überweisungen.

§ 8. I Überweisungen bis 3000 M können auf Antrag des Ausstellers einem bei einem anderen Postscheckamt geführten Konto telegraphisch übermittelt werden.

II Der Gutschriftempfänger wird durch das Postscheckamt, bei dem sein Konto geführt wird, von der Gutschrift in der gewöhnlichen Weise (§ 1, IV) benachrichtigt.

III Der Aussteller einer telegraphischen Überweisung kann auch beantragen, daß das Postscheckamt, bei dem sein Konto geführt wird, den Gutschriftempfänger schriftlich oder telegraphisch benachrichtigt (§ 7, VI).

IV Die auf dem Abschnitte der Überweisung vom Auftraggeber niedergeschriebenen besonderen Mitteilungen werden durch das Überweisungstelegramm dem Bestimmungs-Postscheckamt und von diesem in der gewöhnlichen Weise (§ 1, IV) durch einen Gutschriftzettel dem Empfänger übermittelt (II). War schriftliche oder telegraphische Benachrichtigung des Empfängers verlangt (III), so werden die Mitteilungen in die schriftliche oder telegraphische Benachrichtigung aufgenommen.

V [1]) An Gebühren werden vom Aussteller durch Abbuchung von seinem Konto erhoben:

1. die Telegrammgebühr für das Überweisungstelegramm und eintretendenfalls
2. bei schriftlicher Benachrichtigung 20 Pf., bei telegraphischer Benachrichtigung die Telegrammgebühr.

[1]) Der Abs. V ist wie angegeben geändert durch die Bekanntmachung des Reichskanzlers, betreffend Änderung der Postscheckordnung, vom 25. März 1918 (Reichs-Gesetzbl. S. 150).

Zu § 8.

Die Ausführungsbestimmungen bleiben unverändert.

Seite 45.

Zu § 9 (Auszahlungen durch Scheck).

Abs. IX Die beiden ersten Unterabsätze von „Ist der in einer Zahlungsanweisung angegebene Empfänger usw." bis „findet nicht statt" sind aufgehoben worden und daher zu streichen.

Seite 48.

IV. Entrichtung der Gebühren.

§ 10. I Die Gebühren (Postscheckgesetz § 5 Ziffer 2) und die Preise für Vordrucke werden vom Konto des Zahlungspflichtigen abgebucht.

II Der Preis für unbrauchbar gewordene Vordrucke (I) wird nicht erstattet.

III Für Laufschreiben wegen Sendungen des Postscheckverkehrs (Zahlkarten, Überweisungen, Schecks) wird die in der Postordnung § 47 festgesetzte Gebühr erhoben.

Zu § 10.

Zu I Die Gebühren (PSchG. § 5 Ziffer 2) und die Gebühren für Überweisungen nach dem Auslande — bis 400 M 20 Pf. und für je weitere 100 M 5 Pf. — werden nach Anl. 23, die Preise für Vordrucke (Zahlkarten, Scheckhefte, Scheckbriefumschläge, Lastschriftzettel und Gutschriftzettel sowie Postanweisungs- und Telegrammgebühren in Gebührenzetteln nach Anl. 24 zusammengestellt.

Hinter Seite 52 wird folgende Neuerung eingefügt.

Zahlkarten als Überweisungen.

Zahlkarten, **auf denen die Nummer und Bezeichnung des Postscheckkontos vorgedruckt sind,** können zu Überweisungen benutzt werden. Der Höchstbetrag einer Überweisungszahlkarte ist 100 M. Der Auftraggeber gibt sich auf dem Abschnitt und am Kopfe des Posteinlieferungsscheins mit seiner Kontobezeichnung — tunlichst durch Stempelabdruck — an, ändert auf dem Abschnitte den Vordruck „eingezahlt“ in „überwiesen“ und auf dem Hauptteile das Wort „Zahlkarte“ in „Überweisung“ und drückt auf dem Hauptteil in dem Raume für die Angabe des Absenders seinen Wunsch auf Überweisung des Betrags durch folgenden Vermerk aus:

„Betrag von meinem Konto . . . Nr. . . abzubuchen.
(Ort), den . . . . . . 19 . .“

Dieser Vermerk ist vom Auftraggeber oder seinem zur Zeichnung berechtigten Bevollmächtigten nach Maßgabe des Unterschriftblatts (Anl. 13) zu unterschreiben.

Die Überweisungszahlkarte ist nach dem Muster (Anl. A auf Seite 52a) auszufüllen.

Die Überweisungszahlkarte ist gebührenfrei. Der Auftraggeber sendet sie in einem gelben Scheckbriefumschlag an sein Postscheckamt. Das Postscheckamt bucht den Betrag vom Konto ab, vollzieht den Posteinlieferungsschein durch den Abdruck des Aufgabestempels und sendet diesen dem Auftraggeber mit Kontoauszug. Der Empfänger erhält den Abschnitt der Zahlkarte nach Gutschrift des Betrags auf seinem Konto mit Kontoauszug.

Die Anlagen 1, 3, 23 und 24 werden durch die beigefügten Muster (Seiten 53, 54, 58, 59, 91 und 92) ersetzt.

Seite 52.

Muster für eine Überweisungszahlkarte.

Aufgabestempel

~~eingezahlt~~ überwiesen am 10. 4. auf

Konto Nr. 587 29

Postscheckamt Breslau

30 Mark — Pf

betrifft (anzugeben die zu bezahlende Rechnung, das Kassenzeichen bei Steuerzahlungen die Hebebuch-Nr.)

Beitrag einschl. Stempelgebühr Nr. 42754 L.

Absender (Name und Wohnort): Karl Schenk in Neuruppin Konto Berlin Nr 72328

Das Postscheckamt übersendet diesen Abschnitt dem Postscheckkunden

~~Absender:~~ Betrag von meinem Konto Berlin Nr 72328 abzubuchen. Neuruppin, den 10. April 1918 Karl Schenk

Freimarke vom Einlieferer aufkleben.

Gebühren siehe Rückseite.

~~Zahlkarte~~ Überweisung

auf 30 Mark Pf. Zu wiederholen (die Mark in Buchstaben): Dreißig

Mark Pf.

zur Gutschrift auf das Konto Nr. 587 29
(Konto genau bezeichnen)

Feuerversicherungsgesellschaft „Concordia“

in Liegnitz

beim Postscheckamt in Breslau 1

Postvermerk Nr. eingetragen durch: Ankunfts-Nr.

am

51

Posteinlieferungsschein für
(vom Einzahler auszufüllen)
72328 Schenk in Neuruppin
(Die Mark in Buchstaben angeben)

Dreißig

Mark Pf.

zur Gutschrift auf das Konto Nr. 587 29

Feuerversicherungsgesellschaft „Concordia“ in Liegnitz

beim Postscheckamt in Breslau 1

Postannahme

Postvermerk Aufgabenummer Aufgabestempel

Seite 53. **Anlage 1** (zu § 1).

Antrag auf Eröffnung eines Postscheckkontos.

$\frac{\text{Ich}}{\text{Wir}}$ wünsche..... dem Postscheckverkehr beizutreten und beantrage..... die Eröffnung eines Kontos beim Kaiserlichen Postscheckamt in ....
unter folgender Bezeichnung ....

....

(Das Nichtgewünschte ist zu streichen)

In das gedruckte Verzeichnis der Postscheckkunden (s. Punkt 1 der Rückseite) ersuche..... $\frac{\text{ich}}{\text{wir}}$ hierzu folgenden Zusatz aufzunehmen: ....

Ferner ersuche..... $\frac{\text{ich}}{\text{wir}}$ um Lieferung von

.... Scheckheft.....,
.... Zahlkarten mit Vordruck der Nummer und Kontobezeichnung,
Zahlkarten ohne diesen Vordruck,
Scheckbriefumschlägen mit aufgedruckter Kontonummer,

....

(Vordr. zu a od. b str. (s. Punkt 2 d. Rücks.))

Sendungen des Postscheckamts mit den bestellten Überweisungs- und Scheckheften sowie mit Unterschriftsblättern sind abzusenden:

a) unter „Eigenhändig“, „Einschreiben“ und „Gegen Rückschein“.
b) nur unter „Einschreiben“ und „Gegen Rückschein“.

(Ort) ...., den .... 191....
(Straße und Hausnummer) ....

....

Unterschrift des Antragstellers (Privatpersonen haben sämtliche Vornamen anzugeben; der Rufname ist zu unterstreichen)

....

(Stand, Beruf, Geschäftszweig)

Rückseite beachten!

Seite 54.

Bemerkungen.

1. **Antragsteller.** Eingetragene Firmen haben den Wortlaut der handelsgerichtlichen Eintragung genau anzugeben.

   Nichteingetragene Gesellschaften, Vereine, Genossenschaften haben die Satzung vorzulegen.

   Ehefrauen bedürfen in der Regel der Zustimmung des Ehemanns.

   In das gedruckte Verzeichnis der Postscheckkunden wird auf Wunsch eine Angabe über Beruf oder Gewerbe (Geschäftszweig) usw. des Postscheckkunden als kurzer Zusatz kostenfrei aufgenommen.

2. **Vordrucke.** Die Überweisungshefte werden unentgeltlich geliefert. Bei Eröffnung des Kontos wird dem Postscheckkunden ein solches Heft gesandt.

   Ein Scheckheft (50 Blätter) kostet 50 Pf.

   Zahlkarten werden zu 5 Pf. für 5 Stück verkauft. Da bei handschriftlicher Eintragung der Nummer und Kontobezeichnung leicht Irrtümer unterlaufen, empfiehlt es sich, möglichst nur Zahlkarten zu benutzen, auf denen diese Angaben vorgedruckt sind. Das Bedrucken kostet für 50 Zahlkarten 50 Pf., für 100 Zahlkarten 70 Pf. und für je weitere 100 Zahlkarten 20 Pf. mehr.

   Scheckbriefumschläge mit aufgedruckter Kontonummer werden zu 5 Pf. für 10 Stück verkauft. Bei Benutzung dieser Umschläge werden die Briefe der Postscheckkunden an die Postscheckämter portofrei befördert.

   Sendungen mit Überweisungs- und Scheckheften oder mit Unterschriftsblättern werden dem Postscheckkunden unter „Eigenhändig", „Einschreiben" und „Gegen Rückschein" zugestellt, wenn am Schlusse des Antrags der Vordruck zu b gestrichen worden ist. Sollen diese Sendungen ohne die Bezeichnung „Eigenhändig" gesandt werden, so ist der Vordruck zu a zu streichen.

3. **Abgabe des Antrags.** Der Antrag ist dem Briefträger zu übergeben. Er kann auch bei der Postanstalt, von der der Antragsteller seine Postsachen erhält, abgegeben oder dieser unter Briefumschlag — ohne Marke — gesandt werden.

4. **Erste Einzahlung.** Die erste Einzahlung kann in beliebiger Höhe vom Postscheckkunden oder durch Dritte geleistet werden; sie muß in der Rege die Stammeinlage von 25 ℳ ausmachen und die Kosten für ein Scheckheft und für die sonstigen bestellten Vordrucke decken. Die Einzahlung erfolgt zweckmäßig mit Zahlkarte, sobald das Postscheckamt mitgeteilt hat, daß und unter welcher Nummer das Postscheckkonto eröffnet worden ist.

(Muster siehe Seite 56.)

Seite 58.

(Vorderseite)

Anlage 3 (zu § 2).

Aufgabestempel

eingezahlt am .... auf

Konto Nr. ....

Postscheckamt ....

.... Mark ..... Pf.

betrifft (anzugeben die zu bezahlende Rechnung, das Kassenzeichen, bei Steuerzahlungen die Hebebuch-Nr.)

....

....

Absender (Name, Wohnort und Wohnung):

....

....

Das Postscheckamt übersendet diesen Abschnitt dem Postscheckkunden

10,7 cm

Absender: ....

....

....

Zahlkarte

2,9 cm

Freimarke vom Einlieferer aufkleben. Gebühren f. Rücks.

Zu wiederholen (die Mark in Buchstaben):

auf .... Mark ..... Pf.

Mark Pf.

zur Gutschrift auf das Konto Nr.

(Konto genau bezeichnen)

....

....

beim Postscheckamt in ....

Postvermerk

Nr. eingetragen durch:

am ....

Auskunfts-Nr.

S 1

Posteinlieferungsschein

(vom Einzahler auszufüllen)

(Die Mark in Buchstaben):

Mark Pf.

zur Gutschrift auf das Konto Nr. ....

....

beim Postscheckamt in

....

Postannahme ....

Postvermerk

Aufgabe-Nr.

Aufgabestempel

6,4 cm | 11,4 cm | 7,2 cm

Anm.: Die Zahlkarte wird auf hellblauem Papier mit dunkelblauem Druck hergestellt. — Beschaffenheit des Papiers: Verwendungsklasse 4a der preuß. Bestimmungen über das von den Staatsbehörden zu verwendende Papier v. 28. Jan. 1904. (Stoffkl. III — holzfrei — 3500 m Reißlänge, 2,75 v. H. Dehnung, 40 Doppelfalzungen, Gew. 85 g/qm.

Seite 59.

(Rückseite)

1. Auf Zahlkarte können Beträge in unbeschränkter Höhe eingezahlt werden. Die Gebühr beträgt bis 25 *M* 5 Pf., über 25 *M* . . . 10 Pf. Der Einlieferer hat eine Freimarke in Höhe der Gebühr auf die Zahlkarte zu kleben. Dem Empfänger (Postscheckkunden) wird der Betrag der Zahlkarte gebührenfrei gutgeschrieben.
2. Die Zahlkarte ist in allen drei Teilen auszufüllen. Die Kontonummer ist besonders deutlich zu schreiben.

Jeder, der öfter Zahlungen empfängt oder leistet, sollte sich ein Konto beim Postscheckamt eröffnen lassen. Vordrucke für Anträge erhält er beim Postamt.

Posteinlieferungsschein

(nicht für Mitteilungen für den Empfänger zu benutzen)

Gebührenzettel.

Konto-Nr.: ....

Von Ihrem Konto wurden heute an Buchungsgebühren abgebucht für die Zeit

vom .... bis .... :

1. Für Auszahlungen:

a) Grundgebühren

.... Buchungen zu 5 Pf. .... ℳ ...... Pf.

b) Steigerungsgebühren
($^1/_{10}$ $^0/_{00}$ von

.... ℳ Pf.) .... „ „

2. für Überweisungen nach dem
Auslande .... „ „

.... „ ..... „

zusammen .... ℳ ...... Pf.

Seite 92. **Anlage 24** (zu § 10).

Gebührenzettel.

Konto-Nr.:

Von Ihrem Konto wurden heute abgebucht:

a) für	Zahlkarten		ℳ	Pf.
b) „	Scheckhefte			„
c) „	Scheckbriefumschläge	....	„	„
d) „	Postanweisungen und Telegramme		„	„
e) „	....	....	„	„
	zusammen	....	ℳ	Pf.

Druck von A. W. Hayn's Erben, Potsdam.